Thomas Kinkele
Petra Arndt

Die Pflanzen-Helfer

Geheimnisvolle Inspiration
aus dem Pflanzenreich

WINDPFERD

4. Auflage 2020
© 2005 by Windpferd Verlagsgesellschaft mbH, Oberstdorf
Alle Rechte vorbehalten
Umschlaggestaltung: Marx Grafik & ArtWork,
unter Verwendung einer Illustration von Petra Arndt
Illustrationen im Innenteil: Petra Arndt
Lektorat: Silke Kleemann
Druck und Bindung: C. H. Beck, Nördlingen

Printed in Germany
ISBN 978-3-89385-573-5
www.windpferd.de

Inhalt

Vorwort	7
Einführung	11
Bilderwelten	13
Tore als Stimmungsbilder	16
Die Pflanzenhelfer-Karten	20
Die Verwendung der Karten	24
Einsatzmöglichkeiten für das Kartenset	26
Räucherstoffe und ätherische Öle	31
Das Ritual des Räucherzyklus	35
Naturparfüm	37
Vertiefende Anwendung	39
Erfahrungen mit den Pflanzenhelfern	41
Die Pflanzenhelfer in der Therapie	41
Die energetische Funktion der Pflanzenhelfer	43
Räucherritual	43
Ennearom – Psychologische Aromatherapie –	47
Ennearom	48
Querverbindungen zu anderen Systemen	51
Fallbeispiele aus der Heilpraxis	53
Ylang-Ylang + Geranium	53
Lemongras	55
Vetiver	56

Citronella	58
Palmarosa	59
Cassiazimt	60
Orange	61
Rosmarin	63
Lavendel	64
Hoholz	66
Weihrauch	68
Geranium	69
Patchouli	71
Eukalyptus	72
Zypresse	74
Zedernholz	75
Myrte	76
Pfefferminze	77
Sternanis	79
Edeltanne	81
Latschenkiefer	82

Die neun Tore — 85

1 Tor der Ideale — 87
Patchouli — 89
Rhododendron Himalaya — 92
Sandarak — 95
Weißer Salbei — 98
Yerba Santa — 101
Zimt — 104
Zypresse — 107

2 Tor der Großzügigkeit — 111
Benzoe Siam — 113
Kakaoschale — 116
Myrrhe — 119

Piñon-Pine	122
Sternanis	125
Vanille	128
Zedernholz	131
3 Tor der Inspiration	**135**
Geranium	137
Hoholz	140
Kardamom	143
Opoponax	146
Palmarosa	149
Palo Santo	152
Tonkabohne	155
4 Tor der Kreativität	**159**
Abelmoschus	161
Angelika	164
Guggul	167
Muskatellersalbei	170
Orange	173
Schwarzer Copal	176
Ylang-Ylang	179
5 Tor der Erkenntnis	**183**
Alant	185
Dammar	188
Grapefruit	191
Lavendel	194
Lemongras	197
Wacholderbeere	200
Weißer Copal	203
6 Tor der Zuversicht	**207**
Bergamotte	209
Edeltanne	212
Eisenkraut	215
Goldcopal	218

Lorbeer	221
Mastix	224
Petitgrain	227

7 Tor des Lernens 231
Elemi	233
Kiefer	236
Limette	239
Litsea Cubeba	242
Rosmarin	245
Teebaum	248
Wacholder Himalaya	251

8 Tor der Kraft 255
Eukalyptus	257
Galgant	260
Kampfer	263
Muskatnuss	266
Myrte	269
Pfefferminze	272
Präriebeifuß	275

9 Tor der Werte 279
Adlerholz	281
Citronella	284
Eichenmoos	287
Kalmus	290
Weißes Sandelholz	293
Vetiver	296
Weihrauch	299

Anhang 302

Die Autoren 325

Vorwort

Als ich im Jahr 2005 das Projekt des vorliegenden Kartensets startete, fühlte ich mich wie ein Pionier in unerforschtem Territorium. Was erlaubte mir denn, der wesenhaften Kraft der Aromapflanzen einen so konkreten bildlichen Ausdruck zu verleihen? War meine eigene Wahrnehmung denn überhaupt relevant für andere Menschen? Wie würde sich die Dufterfahrung anderer Menschen mit dem Bildnis verbinden? Das waren Fragen, die mich vor der Veröffentlichung der ersten Auflage immer wieder beschäftigten.

Mittlerweile sind drei Jahre ins Land gegangen und es liegt eine Fülle von Rückmeldungen vor. Viele Menschen haben mir berichtet, welche Phänomene ihnen beim Umgang mit den Pflanzenhelfer-Karten und der damit verbundenen Information begegnet sind. Sei es, dass sie jeden Morgen eine Karte gezogen haben, um das Thema des Tages zu erahnen, oder dass sie mit einer klaren Fragestellung das Orakel in den Karten konsultiert haben. Die Hinweise der Pflanzenhelfer trafen immer ins Schwarze, darin scheinen sich die Anwender einig gewesen zu sein. Faszinierend auch, wie innerhalb kürzester Zeit mehrmals hintereinander der gleiche Pflanzenhelfer gezogen wurde, nachdem man beim ersten Versuch mit dem Ergebnis nicht zufrieden war – bis es dann letztlich dämmerte, wie die Botschaft in Wahrheit zu verstehen war. Kinder lieben die Abbildungen, wie man mir oft erzählte, und ich habe von begeisterten Eltern gehört, dass ihre dreijährige Tochter nach kurzer Zeit so ziemlich alle Pflanzennamen beim Anschauen der Karten aufsagen konnte.

Ich selbst habe die verschiedensten Duft-Rituale mit Gruppen durchgeführt, in denen die Pflanzenhelfer uns durch die Tore zur Quelle unseres Daseins geleitet haben. Als besonders geeignet haben sich die Karten in der aromatherapeutischen Prozessarbeit dort erwiesen, wo es um konstitutionellen Aufbau geht.

Energetisch betrachtet erscheinen mir diese Erfahrungen aus heutiger Sicht so:

Die Pflanzenhelfer haben ihre Aufgabe als Bildnis ganz einfach übernommen, um ihre wesenhafte Botschaft zu übermitteln. Ich sehe Naturgeister am Werk, die sich freuen, wenn sie dem Menschen als Imagination erscheinen dürfen, insbesondere, wenn es im Sinne der Liebe und des Mitgefühls geschieht. Sie begrüßen das Vorstellungsvermögen des Menschen und sind dankbar dafür, sich mit ihrer Heilsbotschaft effektiv in der Menschenwelt manifestieren zu können. So verstehe ich die erstaunlichen Resultate, die der Arbeit mit den Karten einen hohen therapeutischen Stellenwert verschafft haben.

Die angezeigte „Ernsthaftigkeit" im Umgang mit dem Set und der daraus resultierenden Information sollte sich in der Neuauflage niederschlagen, weshalb das umfangreiche Kapitel *Erfahrungen mit den Pflanzenhelfern* hinzugefügt wurde. Diese Erweiterung zeigt mit Beispielen aus der Praxis, wie man Kontakt mit der energetischen Ebene aufnehmen kann, in der die Naturgeister auf subtile Weise wirken.

Auch das neue Titelbild wurde unter dieser Prämisse ausgewählt, weist es doch auf die Polarität zwischen den Welten hin: die der Natur und die des Menschen.

Der Brückenschlag zwischen diesen Welten ist das zentrale Thema des Projekts. Die Welt, wie unser rationaler Verstand sie kennt, befindet sich momentan mitten in einem rasanten Wandlungsprozess. Verwandlung ist das Schlüsselwort für die Botschaft dieses Sets.

Möge dem Anwender die Begegnung mit den Pflanzenhelfern zum Vorteil gereichen. Möge es helfen, das zu verwandeln, was nicht mehr haltbar ist. Und das Beste daran: Es darf „spielend" geschehen!

Dank von Herzen geht an Petra Arndt für ihre wundervolle Umsetzung meiner inneren Bilder, Silke Kleemann für ihren sensiblen „Touch" in meinem Textausdruck und Monika Jünemann für ihre inspirative und kompetente Unterstützung meiner Arbeit als Ganzes.

Thomas Kinkele, Januar 2009

Einführung

Zu bestimmten Zeiten des Lebens stehen besondere Themen ganz im Vordergrund unseres Bewusstseins, beschäftigen und bewegen uns. So kann es vorkommen, dass wir Umstände, die wir viele Jahre lang als »normal« akzeptiert haben, auf einmal nicht mehr tolerieren können. Überraschende Wendungen des Schicksals lassen manchmal ganz neue Aufgabenstellungen entstehen oder eine langsame Entwicklung hat uns stetig in eine Richtung geführt, in die wir eigentlich gar nicht wollen. In solchen Situationen bedarf es einer Orientierung hin zum Herzen. Wir müssen in uns hineinhorchen, um herauszufinden, was uns wirklich wichtig ist und um was es uns eigentlich geht.

Der Alltag mit dem Trott unserer Gewohnheiten verleitet uns zu mechanischen Reaktionen. Wir nehmen nicht immer bewusst wahr, in welcher Weise wir uns möglicherweise schaden oder wo wir nötige Entwicklungsprozesse blockieren. Unser Verstand befasst sich hauptsächlich mit den Herausforderungen, die sich uns in der konkreten Wirklichkeit der Außenwelt stellen, und sein vordergründiges Urteil übertönt lautstark die Stimme unseres Herzens. An dieser Stelle setzt das Aroma-Kartenset an: Damit möchte ich Ihnen einen Helfer an die Hand geben, der es Ihnen ermöglicht, die feinen regulativen Kräfte des Pflanzenreichs in Ihren persönlichen Prozess einzubeziehen und im besten Sinne für sich wirken zu lassen.

Der schamanische Weg, auf unterschiedlichen Ebenen der Wirklichkeit nach Wahrheit und Lösungsmöglichkeiten zu suchen und die spirituelle Dimension in das tägliche Leben zu integrieren, mag manchem Realisten etwas suspekt sein. Spätestens jedoch dann, wenn ein willkürlich gezogenes Bild plötzlich auf wundersame Weise bedeutsam wird oder ganz genau einen schwelenden inneren Konflikt berührt, wird auch dem Skeptiker mit Erstaunen klar, wie tief die vielschichtigen Ebenen des Seins offensichtlich miteinander verquickt sind.

Wenn ich als Duftschamane bezeichnet werde, dann wohl deshalb, weil ich mich gerne als Mittler zwischen diesen Ebenen bewege und den Pflanzenkräften in vollem Umfang mein Vertrauen schenke. Ich weiß, dass sie mich genau an die Stelle bringen, wo etwas in seine natürliche Ordnung zurückgeführt werden möchte. Dieses Vertrauen hat mich auch dazu bewogt, den feinstofflichen Pflanzenhelfern ein Gesicht zu verleihen. So können wir sie als Spiegel für die eigene Persönlichkeit einsetzen, der uns verdeutlicht, wo die Verspannungen liegen, und einen dynamischen Prozess zu deren Auflösung in Gang setzt.

Christian Rätsch zitiert in seinem Buch »Die Steine der Schamanen« Michael Harner mit diesen Worten: »*Schamanismus ist eine disziplinierte Methode, Information und Beistand zu bekommen; eine Methode, die davon ausgeht, dass wir uns nicht auf eine einzige Realität, eine Dimension beschränken müssen, wenn wir Hilfe brauchen. Es gibt eine andere Wirklichkeit, aus der uns Hilfe zuteil werden kann – eine Wirklichkeit, die von Schönheit und Harmonie erfüllt ist und uns jene Weisheit schenken kann, von der wir in den Schriften der großen Mystiker und Propheten lesen. Alles, was wir brauchen, ist ein offenes Herz und den Mut, uns auf den Weg des Schamanen zu machen.*«

Dieser Aussage stimme ich aus tiefstem Herzen zu, und in diesem Sinne wünsche ich Ihnen viel Freude mit diesem Kartenset und erhellende Erkenntnisse aus seiner Verwendung!

Bilderwelten

Bilder sind – ebenso wie Düfte – ein Schlüssel zum Herzen. Sie können eine tiefe Wahrheit enthalten, die wir oft nur fühlen, ohne dass sie sich auf den ersten Blick unserem Verstand erschließen würde. Der rote Faden führt dort entlang, wo wir zuerst nur über den Sinneseindruck wahrnehmen. Indem wir den Verstand zunächst zurückdrängen, können wir der feineren Stimme in uns lauschen. Dies geschieht zum Beispiel, wenn ein Duft unser Herz entweder höher schlagen lässt oder Ablehnung auslöst. Das Wesen der Pflanze vermittelt sich über ihren Duft der Mitwelt. Sie sendet eine Botschaft aus, die eindeutig und hilfreich ist, wenn sie mit offenem Herzen wahrgenommen wird.

Da die Botschaft als solche für das menschliche Begriffsvermögen übersetzt werden muss, kann die bildliche Darstellung dieses Pflanzenwesens zu einem weiteren Mittler werden. Über die Betrachtung von Bildern können wir intuitive Einsichten erhalten und verdrängte Gefühle verarbeiten, nachdem wir sie bewusst »gesehen« haben. Haben wir den Bildeindruck auf uns wirken lassen, können wir die Brücke zum Verstand schlagen. Durch die Information, die als Botschaft bei dem entsprechenden Pflanzenhelferbild steht, können wir den Eindruck abrunden und in Bezug zu unserem eigenen Leben setzen.

Wie ist die Bilderwelt der Pflanzenhelfer entstanden?

Mehrere Jahre der Duft-Arbeit mit unterschiedlichsten Menschen haben mir gezeigt, dass für den Ausdruck der persönlichen Wahrnehmung eines Duftes die Bildersprache am besten geeignet ist. Über den Dufteindruck angesprochene innere Themen lassen sich zum Beispiel durch »gefühlte« Bilder, die man mit Worten beschreibt oder auch mit künstlerischen Mitteln in Form und Farbe bringt, sehr lebendig zum Ausdruck bringen.

So tauchte bei einer Frau auf die Wahrnehmung des aromatischen Rauches von Guggul das Bild eines Hinteraufgangs zur Empore einer Kirche auf. Der Eindruck dieser Kirche war geprägt von großer Schlichtheit und diese einfache, mystische Dimension des Bildes berührte sie zutiefst. Das Feedback zu diesem inneren Bild ergab, dass sie streng katholisch erzogen worden war, später aber ein gespaltenes Verhältnis insbesondere zum Pomp der katholischen Kirche entwickelt hatte, woraufhin sie sich innerlich völlig gegen Religion abgeschottet hatte. Das Bild, ausgelöst durch den Duft, konnte sozusagen durch die Hintertür eine Brücke zu ihrer inneren Religiosität schlagen, die abgespalten vom Bewusstsein ein Schattendasein fristete. Die Treppe zur Empore stand sinnbildlich für den Aufstieg dieser verdrängten Seite in ihr. Das war eine bedeutsame Erkenntnis für diese Frau.

Stufen haben in inneren Bildern immer eine starke Aussagekraft. Eine ältere Dame sah sich unter dem Einfluss von geräuchertem Sternanis am Fuße eines Tempels mit vielen Steinstufen in einer Menschenmenge stehen, als hoch oben am Tempeleingang ihre schon länger verstorbene Mutter auftauchte und liebevoll zu ihr herabblickte. Es war ihr nicht mehr möglich gewesen, vor ihrem Tod Themen, die sie trennten, aus dem Weg zu räumen. Sie selbst hatte auch den Sternanisduft eher abgelehnt und als schwierig empfunden. Doch jetzt erschien er ihr plötzlich als ein Mittler, der ihr ermöglichte, die steilen Stufen zu ihrem inneren Mutterbild zu erklimmen und den unerledigten Konflikt durch Vergebung in Liebe aufzulösen.

Bilder erschließen auf diese Weise Wege, die für die Aufarbeitung wichtiger persönlicher Inhalte sehr wertvoll sein können. Vielen Menschen fällt es jedoch schwer, innere Bilder als solche zu identifizieren. Sie erscheinen zu unbedeutend, banal oder sogar zu peinlich, als dass man ihnen Ausdruck verleihen wollte. Manch einer weiß nicht einmal, was mit dem Begriff des inneren Bildes gemeint ist.

Ich habe oft erlebt, wie eindrucksvoll es für Teilnehmer von Seminaren ist, wenn die persönliche Resonanz auf einen Duft Erfahrungen spiegelt, die man mit anderen teilt. Gemeinsam spürt man die Gegenwart einer energetischen Persönlichkeit, die sich in diesem Duft manifestiert. Daraus ist mein Wunsch entstanden, Bilder zu entwickeln, die das wesenhafte, feinstoffliche Element eines Duftes zum Leben erwecken können, auch ohne dass man diesen Duft riecht. Damit wird eine sehr reizvolle Erfahrung möglich, weil Duftbilder sich auf eine Art und Weise erschließen, die nicht vom Verstand abgespeichert werden muss. Es ist eine Form, sich von Düften anders als über den Geruchssinn inspirieren zu lassen und dabei mit der Pflanze als Lebewesen auf geistiger Ebene in Kontakt zu kommen.

Tore
als Stimmungsbilder

Aus meiner Arbeit mit der Zahl Neun und ihren kosmischen Verbindungen habe ich die Ordnung der neun Tore entwickelt, die als Zugänge zur wesenhaften Welt zu verstehen sind. »Ach, du grüne Neune« ist als Ausruf des Erstaunens über absonderliche Vorkommnisse bekannt und wohl darauf zurückzuführen, dass die Verwendung von neunerlei verschiedenen Kräutern in Räucherbündeln alte Wurzeln in der germanisch-keltischen Mythologie mit ihren Vegetationsgottheiten hat. »Zurück zu den Wurzeln« ist ein Leitsatz, der zu der archaischen Präsenz so manch eines Räucherdufts passt, der den Wahrnehmenden geradezu in die Steinzeit zurückbefördert und auf diese Weise uralte, genetisch eingelagerte Erfahrungen ansprechen kann.

Das schamanische Symbol des Tores als Durchgang zu einer anderen Welt, die uns mit unseren eigenen Lebensgrundlagen in Verbindung bringt, ist als eine Möglichkeit der Lösung und Rückbindung an die Grundwerte unserer Existenz zu verstehen. Die Pflanzenhelfer wirken wie Hilfsgeister an der Schwelle jedes der neun Tore, von denen eines für den Wanderer auf dem Weg in die eigene innere Welt von besonderer Bedeutung ist. Hat er sich für eines der Tore entschieden, dann helfen sie ihm, den eigenen Weg zu erkennen und die Schritte sicher zu setzen.

Wir wollen davon ausgehen, dass es neun verschiedene Perspektiven gibt, die alle aus einer zentralen Lichtquelle stammen. Diese zentrale innere Quelle ist eine der Liebe, der Perfektion, der Freiheit, der Harmonie, der Originalität, des Wissens, des Vertrauens, der Freude und der Einheit. Somit bietet uns jede der neun Perspektiven eine Möglichkeit, die Stimmung der äußeren Welt aufzuhellen.

An der Schwelle zwischen innen und außen erkennen wir ein Tor. Dieses Tor symbolisiert den Durchgang einer speziellen Licht-Qualität, nämlich die Ausstrahlung einer der neun Perspektiven aus der Lichtquelle in die existenzielle Welt.

Neun Symboltore stellen uns so den Ausfluss essenziellen Lichts in die Schöpfung zur Verfügung. Es sind dies:

1 Tor der Ideale
2 Tor der Großzügigkeit
3 Tor der Inspiration
4 Tor der Kreativität
5 Tor der Erkenntnis
6 Tor der Zuversicht
7 Tor des Lernens
8 Tor der Kraft
9 Tor der Werte

Da ein Tor immer in beide Richtungen offen ist, gibt es auch einen Weg von außen nach innen auf der Suche nach Licht. Es ist also möglich, sich auf eine der Perspektiven einzustimmen. Beide Richtungen, innen und außen, Licht und Schatten, sind im Bild des Tores enthalten und damit liegt vor uns ein Werkzeug, mit dem wir einen persönlichen Zugang zum Thema Duft und Pflanze finden können. Indem wir uns den Pflanzen über Torbilder nähern, können wir herausfinden, welches Grundthema zur Zeit eine besondere Rolle für uns spielt. Die Intuition trifft die Auswahl. Sei es, um spielerisch mit sich selbst zu experimentieren, um eine unterhaltsame Gruppenerfahrung zu machen oder therapeutischen Nutzen daraus zu ziehen – wir werden mit Sicherheit zu den Pflanzen und ihren Duftbotschaften geführt, die für unsere momentane Lebenssituation von Bedeutung sind.

Jedoch nicht irgendeine »kompetente« Person wird uns sagen, was gut für uns ist, sondern unser eigener innerer Meister ist aufgerufen, jeden Einzelnen von uns zu seiner persönlichen Wahrheit zu führen. Dies geschieht, wenn wir die Pflanzenbotschaft für uns interpretieren. Wir können also allein mit den Bildkarten eine tiefe persönliche Erfahrung machen.

Auswahl eines Tores

Bei diesem Kartenset betreten wir die Welt der Duftbilder durch bestimmte Tore.

Es stehen uns die oben genannten neun verschiedenen Tore zur Auswahl. Gehen Sie wie folgt vor, um Ihr Tor zu finden:

Betrachten Sie die Abbildungen der neun Dufttore ausführlich, ohne sich um deren Bezeichnung zu kümmern. Jedes von ihnen hat eine ganz spezifische Ausstrahlung und steht für eine grundsätzliche Lebensthematik. Wenn Ihre innere Stimme sich positiv zu einem der Tore äußert, dann entscheiden Sie sich dafür, durch dieses Tor zu gehen, denn es liegt nahe, dass die Thematik, die sich dahinter verbirgt, in ganz besonderem Bezug zu Ihrer momentanen Lebenssituation steht. Als Stimmungsbild spiegelt dieses Tor ganz wesentlich Ihre momentane Gefühlswelt in Ihrer inneren Befindlichkeit wider, was Sie mögen oder eben nicht so gern mögen. Entscheiden Sie sich für eines der Tore, schafft dies ein großes Interesse für die Wesenheiten dieses Tores, die sich helfend über einen Pflanzenduft mitteilen.

Wenn Sie sich für ein Tor entschieden haben, stehen Ihnen an diesem Tor sieben Pflanzenhelfer zur Verfügung, von denen jeder einen ganz speziellen Duft verkörpert. Gehen Sie nun so weiter vor, wie Sie es vielleicht von den Bachblüten oder aus der Homöopathie kennen. »Ziehen« Sie verdeckt einen dieser sieben Pflanzenhelfer, ohne zu wissen, welcher es ist. Betrachten Sie das Bild auf dieser Karte zunächst und beobachten Sie, was es in Ihnen auslöst. Fühlen Sie eher Aufgeschlossenheit oder Widerstand? Was spricht Sie an oder stößt Sie ab?

Nachdem Sie sich diese instinktive Reaktion bewusst gemacht haben, können Sie die Information im Buch hinzuziehen, um zu erfahren, um welche Art von Pflanzenhelfer-Energie es sich handelt.

Mit dieser Vorgehensweise haben wir die Kräfte unseres eigenen Herzens (visuell) und die unseres Körpers (taktil) aktiviert, um uns zu einer ganz persönlichen Botschaft führen zu lassen. An der ersten Reaktion können Sie sehr schnell erkennen, ob es sich eher um eine herausfordernde oder eine unterstützende Energie handelt. Das, was uns gefällt, ist erst einmal unterstützend, das, was wir als schwierig empfinden, deutet auf eine Herausforderung hin. Jetzt können Sie mit Hilfe des Intellekts analysieren und interpretieren. Hierbei ist die Frage »Warum meinen Sie, dass Sie diese Karte gezogen haben?« sehr wichtig.

Möchten Sie die Methode des »Ziehens« ganz in den Vordergrund stellen, können Sie durchaus auch alle Pflanzenkarten gemischt auf einen Stapel legen und daraus direkt Ihren persönlichen Pflanzenhelfer ziehen. Aus der Karte geht ja auch hervor, zu welchem Tor sie gehört, und damit steht Ihnen die Information des Tores zugleich mit der des Pflanzenhelfers zur Verfügung und kann zur Interpretation herangezogen werden.

Die Pflanzenhelfer-Karten

Die Kraft einer Duftpflanze und das ihr innewohnende Wesen definieren sich aus ihrem Lebensraum, den traditionell medizinischen Eigenschaften, ethnobotanischen Zusammenhängen und elementaren Zuordnungen.

Die Aufgabe bei der Schöpfung dieses Kartensets war es, aus der Verbindung dieser vielfältigen Faktoren eine Symbolik zu entwickeln und durch ein Bild zum Ausdruck zu bringen, das zugleich den energetischen Bezug zu einem der neun Tore berücksichtigt. Durch seine wunderbare Fügung hat das Leben mich mit der Künstlerin Petra Arndt zusammengeführt, deren Fähigkeit, wesenhafte Kräfte der Pflanzenwelt intuitiv zu erfassen und in Bilder umzusetzen, enorm stark ausgeprägt ist. Als ich während eines meiner Seminare das Bildprojekt erwähnte, zeigte eine Freundin von Petra mir Bilder von ihr, die mich sofort wie elektrisiert reagieren ließen. Unsere Gemeinsamkeiten, was die Wahrnehmung feinstofflicher Präsenzen der Natur betraf, stand außer Frage und die Zusammenarbeit hat sich wie von selbst entfaltet. Nachdem ich ihr die Grundidee der Ausführung und die enthaltene Symbolik vermittelt hatte, setzte Petra für mich zunächst die neun Tore in einer Weise um, die mich weitaus mehr als nur zufrieden stellte – ich war begeistert! Im Verlauf eines halben Jahres habe ich diese Tore dann in ihrer Wirkung auf unterschiedliche Menschen intensiv getestet und sie dann in dem Buch »Aromatherapie der Seele«[1] in ihrer Aussage und allen persönlichkeitsbedingten Zusammenhängen detailliert beschreiben. Es war besonders verblüffend, wie leicht den Testpersonen die Auswahl fiel. Sie konnten sich nicht nur eindeutig für eines der Tore entscheiden, sondern in der Folge auch direkt einen tieferen Sinn in den Erläuterungen des Tores für sich entdecken.

So war es der logische nächste Schritt, die Pflanzenhelfer an der Schwelle dieser Tore zu gestalten.

Unter Einwirkung der Düfte und in Verschmelzung meiner persönlichen Erfahrung mit der Phantasie sind bei mir wesenhafte Bildideen entstanden, die von Petra Arndt – ebenfalls unter dem Einfluss der Düfte – innerlich gesehen und in Form und Farbe umgesetzt werden konnten. Nehmen wir als Beispiel die Karte für die Piñon-Pine. Der Gegensatz zwischen der kargen, zerklüfteten Landschaft der Heimat dieses Baumes und der delikat graziösen Eleganz seines Erscheinungsbildes kommt in der Gestalt des Pflanzenhelfers zum Ausdruck. Sie vermittelt eine feine, hilfreiche Energie, der zugleich Extravaganz und besonderes Durchhaltevermögen zugeschrieben werden können. Dies sind Themen, die eine starke Entsprechung zum Tor der Großzügigkeit aufweisen. Wo stolze Ablehnung jeglicher Bedürftigkeit und das selbstlose Sich-Verschenken die zwei Welten kennzeichnen, die durch dieses Tor verbunden sind, bringt die Darstellung des Pflanzenhelfers Piñon-Pine seine Zugehörigkeit zu diesem Tor auf den Punkt. Sich selbst ganz individuell in Schönheit und Stärke auszuleben und

---

[1] Windpferd Verlag 2004

dabei dem Leben zu dienen, ist in dieser Karte die Bild gewordene Botschaft.

Ein anderes interessantes Beispiel ist die Orange. Sie verkörpert am Tor der Kreativität so etwas wie den Beelzebub. Dort, wo das Originelle und Besondere gesucht wird, bekommt das banal Süße in seiner naiven »Offenherzigkeit« leicht einen faden Beigeschmack und spricht eher die Schattenthematik des Typus an, der diesem Tor entspricht. Die Darstellung dieses Pflanzenhelfers wird häufig auf Ablehnung stoßen, weil der Darstellung ein Anspruch auf Originalität aberkannt wird. Nun ist das aber genau der Fingerzeig auf den wunden Punkt dieses Typus, der für die einfachen kleinen Freuden des Lebens keine Akzeptanz hat und nur auf das Großartige und Tiefgründige fixiert ist. In diesem Falle kann die Auseinandersetzung mit einer solcherart fordernden Botschaft durchaus einen hilfreichen Impuls für die Weiterentwicklung liefern.

Schauen wir uns die Kampfer-Karte an, dann erkennen wir eindeutig, dass es hier um ungebändigte Kraft geht, die von einer Yeti-Kreatur ausgeht. Die Keule symbolisiert die Wucht der Handlungsenergie, die von dieser Duftbotschaft ausgeht. Wie kurios und gleichzeitig klar und eindeutig erscheint es da, wenn ein Mensch, der sich als »Friedensstifter« (Tor der Werte) fühlt, diese Karte (Tor der Kraft) zieht und die Keule gar nicht als solche identifiziert, sondern darin einen Handspiegel sieht, in dem der Yeti sich selbst betrachtet, ohne etwas erkennen zu können, weil er ja weiß ist. Was für ein starker Hinweis für den Menschen, der die eigene Aggression nicht spüren kann! Er findet das Bild nicht besonders interessant, da er es überhaupt nicht verstehen kann. Umso deutlicher offenbart sich seine mechanische Art des »Sehens« und das Feedback bringt ihn zu einer großen Einsicht. Das Bild des Pflanzenhelfers erfüllt mit einem solchen Ergebnis alle nur möglichen Erwartungen und sorgt dabei auch noch für Kurzweil in der Gruppe.

Dieses Kartenset ist wunderbar für die praktische Verwendung im Prozess der Selbstfindung geeignet. Sie werden beobachten, dass die Bilder der Pflanzenhelfer sich Ihnen nicht immer sofort erschließen. Möglicherweise empfinden Sie zuallererst Ablehnung oder Indifferenz, und erst langsam, bei etwas längerer Betrachtung, verändert sich Ihre Wahrnehmung und Sie erkennen Aspekte im Bild, die für Sie im ersten Moment überhaupt nicht sichtbar waren.

Die Verwendung der Karten

Beim ersten Kontakt mit diesem Set, ob in einer Gruppe oder allein:

1. Sortieren Sie die Pflanzenkarten nach Toren.
2. Legen Sie die jeweils sieben Karten pro Tor in einem Stapel mit der Rückseite nach oben.
3. Legen Sie auf jeden Stapel die entsprechende Torkarte mit der Bildseite nach oben.
4. Wählen Sie nun das Tor, wie exemplarisch schon im Abschnitt »Tore als Stimmungsbilder« beschrieben. Sie sollten einfach nur darauf achten, welches der Tore den visuell stärksten Eindruck in Ihnen hinterlässt. Sie stehen außen und blicken auf das Tor. Keine Worte, keine Bezeichnung sollte diese Phase stören. Es geht um den unmittelbaren sensiblen Kontakt mit dem Bild. Nicht der Kopf ist jetzt gefragt, sondern das Herz.
5. Lesen Sie anschließend auf der Rückseite der Torkarte die Grundinformation zu diesem Tor. Lassen Sie sich Zeit dafür. Es ist ein wesentlicher Eindruck, den Sie in diesem Moment verarbeiten. Es ist auch ein Moment der Einstimmung und Öffnung zu sich selbst.
6. Ziehen Sie nun aus dem Stapel der zugeordneten Pflanzenkarten eine Helferkarte und betrachten Sie das Bild. Der erste Eindruck ist wichtig, bevor Sie dann die Details und die Pflanzenbotschaft studieren können.

7. Sind mehrere Teilnehmer dabei, können Sie das Bild in die Runde geben, so dass jeder seinen persönlichen Eindruck mitteilen kann.
8. Nun kommt der Moment, in dem Sie die Beschreibung dieser Pflanze und ihres Duftes im Buch unter dem entsprechenden Tor aufschlagen und lesen können.
9. Ihr innerer Bezug zu diesem Pflanzenhelfer kristallisiert sich heraus, wenn Sie sich zum Schluss die Frage stellen: »Warum meinen Sie, dass Sie diese Karte gezogen haben?«

Kennt man selbst oder die Teilnehmer einer Pflanzenhelfer-Runde die Tore und ihre Qualitäten bereits besser, empfiehlt es sich, alle Pflanzenkarten gut gemischt auf einen Stapel zu legen und die persönliche Karte daraus zu ziehen, ohne vorher den visuellen Weg über die Torauswahl zu gehen. Mit dem gezogenen Pflanzenhelfer wird man auch zu dem Tor geführt, das zum gegebenen Zeitpunkt von besonderer Bedeutung ist.

Einsatzmöglichkeiten für das Kartenset

Wellness

Das Stichwort »Wellness« hat einen hohen Aktualitätswert in dieser Zeit der rapiden Veränderung und notwendigen Neuorientierung. Letztlich geht es darum, persönliche Werte zu bestimmen und herauszufinden, was wir brauchen, um uns wohler mit uns selbst zu fühlen. Zunächst einmal gehört dazu, sich selbst deutlicher zu spüren und die eigenen Bedürfnisse wahrzunehmen. Für diesen Prozess werden Rituale benötigt, die Erlebnischarakter haben, den ganzen Menschen über Körper, Gefühl und Geist erreichen und seinen ureigensten inneren Wert erkennbar machen. Eine solche Erfahrung können Sie durch die Anwendung dieses Kartensets inspirieren und unterstützen. Eine unterhaltsame Atmosphäre ist dabei allemal sicher.

Ergotherapie

Im Spiel wird mit diesen Bildkarten ein Kontakt zur eigenen Sinneswahrnehmung hergestellt.

Es können zugleich interessante Rückschlüsse auf die tiefer liegenden Stärken und Schwächen des Patienten gezogen und im besten Falle innere Türen geöffnet werden. Darauf zielend, das vorhandene Potenzial zu erkennen und zu einer besseren Nutzung zu bringen, kann sich der Einsatz des Kartensets in diesen therapeutischen Zusammenhängen durchaus lohnen.

Altenpflege

Alte Menschen sind für Düfte in der Regel sehr empfänglich. Sie wecken Erinnerungen und lösen manchmal eine regelrechte Flut von inneren Bildern aus. Über die Bilder des Kartensets kann das Interesse geweckt werden, verschiedenste Düfte zu riechen, um sich erinnern zu lassen und sich spielerisch an einem schier unerschöpflichen Reservoir von Eindrücken zu erfreuen, die das gelebte Leben der alten, erfahrenen Nase hervorzaubern kann. In jedem Fall ist es eine anregende Beschäftigung, auch nur über Karten, die man zieht, ein Stück weit in die eigene Geschichte zurückgeführt zu werden.

Maltherapie/Kreativtraining

Da die Bildkarten das kreative Potenzial wecken und die Phantasie beflügeln, können sie in diesem therapeutischen Rahmen sehr vorteilhaft eingesetzt werden. Sei es, dass der Patient oder Klient durch die Darstellungen angeregt eigene Ideen umsetzt, oder vielleicht ausgehend von einer bestimmten Pflanzenhelferkarte die konkrete Stimmung in Farbe und Ausdruck fortsetzt. Auf jeden Fall eignen sich die Tore auch als Durchgang zum ganz persönlichen kreativen Ausdruck und können Geburtshilfe zur Freisetzung verborgener Fähigkeiten leisten. Wenn Sie für diese Arbeit die Düfte hinzuziehen, werden Sie auf ein schier unerschöpfliches Feld von therapeutischen Möglichkeiten stoßen.

Heilpraxis

Für die ganzheitlich integrative Heilarbeit mit Bezug auf das Seelenleben stellt dieses Kartenset eine psycho-spirituelle Landkarte zur Disposition, mit der für die Anamnese wichtige seelische Positionen ausgemacht werden können.

Andreas Krüger hat in seinem Buch »Die Tafelrunde der Seele. Homöopathische Reisen von Agaricus nach Stramonium.« Arzneimittel-Trancen beschrieben, die in Verbindung mit homöopathischen Mitteln über das Pflanzenwesen entsprechende Anteile in der eigenen Persönlichkeit zum Ausdruck kommen lassen, um sie aus der Verbannung zu befreien und zur Teilnahme an der inneren Tafelrunde einzuladen. Diese integrative Ausrichtung stimmt von Grundansatz und Ziel her vollkommen mit denen dieses Kartensets überein. Einleitend wird in dem Buch das folgende Gedicht von Margarete Petersen zitiert:

Die Alte / Der Eremit

Das Alter als spirituelle Reise.
Seele, die durch das Ohrlabyrinth
Nach innen rauscht.
Auf die Stimme des Herzens –
Ort der Erkenntnis und Weisheit – hören.
Die alte Reisende, auf dem Weg zum Einheitspunkt,
wo die Berührung mit der kosmischen Ganzheit stattfindet.
Flügelloses Fliegen
– Gerade ins Herz –
– jeder Schritt stimmt.

Wenn dem Ohrlabyrinth noch Sehnerv und Riechkolben hinzugefügt werden, dann trifft dieses Gedicht auch den Wellenschlag des Kartensets genau. Ganz sicher kann es für Heilpraktiker, die in dieser Richtung arbeiten, ein sehr nützliches Werkzeug sein.

Gruppendynamik

Raum zu haben, seine persönliche Position zu finden und sich zu trauen, sie zu vertreten, ist innerhalb einer Gruppe ein entscheidender Punkt. Das ist sicher leichter, je klarer die Regeln sind. Doch wenn gesprochen wird, ist noch lange nicht sicher, ob auch zugehört wird. Regeln lassen sich in der Gefühlswelt einfach nicht erzwingen.

Die gegenseitige Akzeptanz zu erhöhen, sollte das eigentliche Ziel einer Arbeit sein, die den energetischen Fluss innerhalb einer Gruppe verbessern möchte. Den anderen bewusst auch mit seinen Schwächen als liebenswert empfinden zu können, kennzeichnet den Königsweg.

Dies hat einen einfachen Grund. Frei nach dem Motto »was du nicht willst, das man dir tu, das füg' auch keinem andren zu« können wir darauf vertrauen, mit eben dieser Haltung beschenkt zu werden. So wird jeder Einzelne in der Gruppe zum Spiegel des anderen. Die unbewusste Existenz der eigenen Angst vor dem Versagen, dem Verlust oder der Schwäche, prägt den Umgang mit den sogenannten »Fehlern« des anderen.

Da das Kartenset die Licht- und Schattenseiten einer Persönlichkeit spiegelt, sind die »Schwächen« zugleich auch Indikatoren, die auf eine Erlösung in Stärke hinweisen.

Wenn die möglichen Erkenntnisse aus den Karten in einer Gruppe gemeinsam gezogen werden, dann entsteht so etwas wie eine »eingeschworene« Gemeinschaft, die keine Geheimnisse voreinander hat. Um mit einem schamanischen Begriff zu sprechen: die Kraft der »heilenden Gemeinschaft« wird aufgebaut.

Wie sich das anfühlt und auswirkt, wenn plötzlich Vertrauen statt Misstrauen herrscht, brauche ich wohl nicht weiter auszuführen. Es ist ein Nachhausekommen.

Spirituelle Arbeit

Ich bin mir im Klaren, dass der Begriff Spiritualität nicht für jeden Menschen den gleichen Klang hat. Manch einer denkt dabei an Geisterbeschwörung, Jenseitskontakte und magische Handlungen. Dies sind jedoch zumeist falsch verstandene Teilaspekte einer spirituellen Weltsicht. Eine umfassende Wahrnehmung der zutiefst menschlichen Haltung gegenüber dem lebendigen Kosmos, kann als spirituell bezeichnet werden. Es ist die Wahrnehmung der All-Einheit des Lebens. Darin, dass ich mich untrennbar mit dem Ganzen verbunden fühle, liegt die vollendete Erfahrung von Spiritualität. Dann bin ich in Gott und Gott ist in mir.

Deshalb ist spirituelle Arbeit alles, was den Kontakt zum eigenen Herzen herstellt, denn dort ist die ultimative Verbindung zu allem, was ist. An die Essenz der Dinge zu gelangen, ist nur über den Weg nach innen möglich. Jeder Mensch, der sich auf diesen Weg macht, wird in dem Kartenset der Pflanzenhelfer ein Werkzeug erkennen, das den Weg weist, und dazu beitragen kann, dass man nicht in die Irre läuft.

Räucherstoffe und ätherische Öle

Wir beschäftigen uns in der Bildform dieser Karten mit Düften, die als wesenhafte Abbilder der jeweiligen Aromapflanze dargestellt werden. Die Charakteristik der Pflanze und ihres Duftes ist in die bildliche Darstellung eingeflossen. Komprimierte Aussagen und detaillierte Beschreibungen zu den einzelnen Düften sind in diesem Buch nach Toren geordnet nachzulesen. Somit erhalten wir Informationen über Pflanzen und ihre Düfte, die in einen persönlichen Bezug zu uns treten. Ein besonderer Reiz kann folglich darin liegen, den gewählten Duft auch über den Geruchssinn zu erleben. Sie werden erstaunt sein, wie sie den Duft dann plötzlich »mit anderer Nase« riechen.

Voraussetzung ist, dass die vorgeschlagenen Düfte ausschließlich naturreinen Ursprungs sind. Sie können Pflanzenstoffe und Harze zum Verräuchern oder die daraus destillierten ätherischen Öle verwenden. Duft ist transformiertes Licht, denn die Pflanze bildet in ihrem Metabolismus die ätherischen Öle in erster Linie aus Sonnenlicht. Somit finden wir wieder den bereits vorab erwähnten Aspekt des essenziellen Lichts, das an jedem der Tore zur Verfügung steht.

Aroma ist die Sprache der Pflanzenwesen. Über ihren Duft kommuniziert die Pflanze mit der Umwelt und vermittelt eine authentische Botschaft. Diese Information berichtet von der elementaren Erfahrung der Pflanze und ihrer Reaktion auf die existenzielle Herausforderung im Überlebenskampf. Trockenheit und Feuchtigkeit, Hitze und Kälte, das sind die elementaren Faktoren, darauf reagiert sie und entwickelt einen Dufttypus, der zwar regional in seiner Wesensthematik variiert, aber mehr oder weniger für alle Vertreter der Gattung gilt.

Was hat die abgebildete Wesenheit und der Duft, für den sie steht, mit dem Menschen zu tun?

Eine Entsprechung zum Existenzkampf des Menschen liegt nahe, da in der menschlichen Kulturgeschichte die Aromapflanzen immer schon eine wichtige Rolle gespielt haben, wenn es darum ging, zu regulieren, zu unterstützen oder zu heilen.

Wir können uns mit Hilfe der Karten einen Weg in die Welt der Düfte und ihrer Heilkräfte bahnen. Auf der Entsprechungsebene findet man jedem der neun Tore in diesem Kartenset sieben aromatische Düfte zugeordnet, die als Räucherstoff und/oder ätherisches Öl bezogen werden können.[2] Diese Aromapflanzen erscheinen auf den Karten als Wesenheiten und jedes Pflanzenwesen verkörpert eine Facette des entsprechenden Tores und kann dort mit seiner Botschaft als Mittler zum essenziellen Licht auftreten, wenn wir sie mit unserer Intuition auswählen.

Was wir da gewählt haben, erschließt sich ganz, wenn in diesem Buch unter dem entsprechenden Tor nachgelesen wird. Dort steht alle Information zu dem gewählten Duft, sowie seine komprimierte Botschaft. Im Anhang findet sich zudem eine tabellarische Übersicht mit den botanischen Details.

Vielleicht ist uns der gewählte Duft bekannt, vielleicht auch nicht. In jedem Falle haben wir ein besonderes Thema gewählt, mit dem es sich zu beschäftigen lohnt. Es wird sehr

---

[2] siehe Bezugsquellennachweis

spannend, wenn wir diesen Duft auch riechen und uns auf sinnlichem Wege der Botschaft öffnen, die er bereithält. Dies kann ein Räucherstoff oder auch ein ätherisches Öl sein, im Moment der Duftwahrnehmung werden Sie fühlen, wie hoch Ihre wirkliche Akzeptanz für dieses Thema ist und wie nah oder fern die Lichtquelle ist.

Reagieren Sie auf einen Duft sehr positiv, dann wird es ein leichterer Prozess werden, mit seiner Hilfe das Thema praktisch zu bearbeiten und dem Licht näher zu kommen. Lehnen Sie den Duft stark ab, dann finden Sie in ihm einen guten Lehrmeister, aber einen weniger geeigneten Begleiter für die praktische Anwendung. Die Suche nach dem Begleiter endet erst, wenn Sie seinen Duft ins Herz schließen. Erst dann sind Sie offen für seine regulative Kraft.

Wo liegt der grundsätzliche Unterschied zwischen Räuchern und der Verwendung ätherischer Öle?

Zu dieser Frage kann ich Folgendes sagen:

Sowohl Räucherstoffe als auch ätherische Öle sind Formen, dem Wesen einer Pflanze zu begegnen.

Ätherische Öle sind das Ergebnis eines Destillations- oder Auszugsverfahren bzw. einer Kaltpressung aus der Schale bei Agrumenölen (Citrus). Dabei werden die duftaktiven Bestandteile aus dem Pflanzenmaterial herausgelöst und als Konzentrat angewendet.

Es hat einen Verfeinerungsprozess durchlaufen und kann danach als konzentrierte Essenz in möglichst niedriger Dosierung in Verbindung mit Wasser (Aromalampe) oder einem Trägermaterial wie duftneutrale fette Pflanzenöle (Kosmetik) oder Meersalz (Wellness) zum Einsatz kommen. Wie das Attribut »ätherisch« vermittelt, ist es bei sachgerechter Anwendung tendenziell ein feiner und leichter Dufteindruck, der bewirkt wird. Bei fast allen Ölen (Lavendel ausgenommen) ist allerdings sehr darauf zu achten, dass Hautkontakt mit dem puren Material vermieden wird, weil es teilweise stark reizend wirken kann. Es gehört auch nicht in Kinderhände.

Beim **Räuchern** werden die Pflanzenteile, in denen das ätherische Öl lagert, insgesamt dem Feuer ausgesetzt und übergeben in einem kombinierten Prozess des Verdampfens und Verglimmens ihren Duft im aromatischen Rauch an die Luft.

Es ist eine deutlich intensivere Form der Duftschöpfung, die einen sehr starken Eindruck hinterlassen kann. Das liegt meines Erachtens an der Unmittelbarkeit des Prozesses, dem beigewohnt wird. Alle Elemente – Feuer, Wasser, Erde, Luft – sind unmittelbar am Werke, wenn die aromatischen Harze, Kräuter, Saaten, Wurzeln, Hölzer, Blätter oder Blüten zu duftendem Rauch verwandelt werden. Das Pflanzenwesen macht sich dabei in aller Deutlichkeit bemerkbar.

Grundsätzlich lassen sich alle Düfte miteinander vermischen und man kann grenzenlos experimentieren. Auch ätherische Öle können Räuchermischungen hinzugefügt werden.

Es gibt auch spezielles botanisches Trägermaterial für ätherische Öle, um sie auf diese Weise zu verräuchern. Räucherkegel und Räucherstäbchen werden auf diese Weise hergestellt.

Das Ritual des Räucherzyklus

Das Verräuchern von neun verschiedenen Aromastoffen *nacheinander* entfaltet eine ganz eigene Dynamik. Ich nenne diese Ritual »Die grüne Neun«. Für einen Gruppenleiter ist dies eine wunderbare Möglichkeit, Teilnehmern auf spielerische Weise ein tiefgehendes Erlebnis zu vermitteln. Die Erfahrung über den Geruchsinn führt zu erhöhter Kommunikationsbereitschaft und bringt die Energie in der Gruppe zum fließen.

Benötigt wird für dieses Ritual ein geeignetes Räucherstövchen (mit 125 mm Edelstahlsieb), eine Feder und eine Auswahl von 27 Räucherstoffen.[3] Für jedes Tor werden drei Duftkarten, deren Räucherstoffe man zur Verfügung hat, mit dem Bild nach unten ausgelegt.

1. Man beginnt am **Tor der Werte** und es wird zunächst ein Duft ermittelt. Dazu wird die Tor-Thematik vorgelesen und ein Teilnehmer, dem dieses Tor besonders attraktiv erscheint, zieht eine der drei Duftkarten. Das ist dann der Räucherstoff, der für dieses Tor geräuchert wird. Die anderen Teilnehmer sollen aber möglichst nicht erfahren, welcher Duft es ist, bevor sie ihn gerochen haben.

2. Die Person, die die Karte gezogen hat, nimmt den Räucherstoff, legt ihn auf das Stövchen und fächert mit der Feder reihum jedem Teilnehmer den duftenden Rauch zu und fragt nach der Empfindung oder Bildern, die der Duft bei dem Betreffenden auslöst. Mag man ihn oder nicht? Erinnert er vielleicht an

---

[3] siehe Bezugsquellennachweis

irgendetwas? Welchen Gegenstand, welche Landschaft, welche Jahreszeit oder welche Situation wird von diesem Duft innerlich hervorgerufen? Alles ist interessant, auch wenn es einem selbst als absurd oder zu belanglos erscheint. Wird es ausgesprochen, dann bekommt es meistens eine neue Bedeutung. Wird anschließend die Duftbotschaft vorgelesen, dann erscheinen die eigenen Assoziationen fast immer in einem neuen Licht.

3. Anschließend wird der nächste Stoff hinzugefügt, wobei der vorherige auf dem Sieb belassen wird. Der neue Duft ist zunächst immer ganz im Vordergrund, bevor er sich langsam zurückzieht und im Hintergrund integriert.

    Die Tore werden in dieser Reihenfolge durchgerochen:

    Tor der Werte
    Tor der Kraft
    Tor der Ideale
    Tor der Großzügigkeit
    Tor der Inspiration
    Tor der Kreativität
    Tor der Erkenntnis
    Tor der Zuversicht
    Tor des Lernens

4. Die Mischung am Ende dieses Zyklus-Rituals hat eine besondere Qualität und kann für mehrere Stunden ihren Duft entfalten und den weiteren Verlauf der gemeinsamen Zeit begleiten.

Naturparfüm

Ein Weg zur individuellen Rezeptur

Mit den Karten kann auch eine Duftkomposition aus ätherischen Ölen hergestellt werden.

Dazu benötigen Sie ein Set von 27 Ölen (je drei pro Tor), wenn Sie dieses System therapeutisch einsetzen wollen.[4]

Es sollten immer ein Beobachter (Therapeut) und ein Wahrnehmender (Patient) zusammen arbeiten.

Da es an jedem Tor mindestens drei ätherische Öle gibt, sollten die entsprechenden Duftkarten vorab herausgesucht werden.

Für die Auswahl gibt es zwei verschiedene Möglichkeiten.

1. Von dem ausgewählten Tor werden drei ätherische Öle genommen und ebenso von den zwei korrespondierenden Toren (siehe nächsten Abschnitt, »Vertiefende Anwendung«).

2. An jedem der neun Tore wird eine der drei zur Verfügung stehenden Duftkarten gezogen.

Die Rezeptur aus den gefundenen neun Ölen sollten Sie wie folgt entwickeln:

Der Therapeut stellt die neun Fläschchen vor sich auf, ohne dass der Patient erkennt, um welche Düfte es sich handelt. Er sollte sich innerlich sammeln und ganz entspannt der Dinge harren, die da kommen mögen. Das erste Fläschchen wird

---

[4] siehe Bezugsquellennachweis

geöffnet und der Patient riecht mit geschlossenen Augen ohne zu nahe daran zu kommen. Dieser erste Eindruck wird von ihm mit einer Zahl zwischen Null und Zehn bewertet. Null heißt: keine Akzeptanz, einfach nur schrecklich. Zehn heißt: phantastisch, das höchste der Gefühle. Zumeist liegt die Wahrheit irgendwo dazwischen.

Der Therapeut notiert den Wert und versucht dem Patienten Beschreibungen seiner persönlichen Wahrnehmung und der dadurch ausgelösten Empfindungen zu entlocken, die er notiert. Anschließend betrachtet der Patient das Bild des Pflanzenhelfers und liest die Duftbotschaft. Unter dem Eindruck der eigenen Bewertung bekommt das Wesen des Dufts eine besondere Bedeutung. So geht man durch alle neun Düfte.

Sind alle Düfte gerochen und bewertet, kann man anschließend den gegebenen Wert auf die Anzahl der Tropfen (z. B. Wert 6 = 6 Tropfen) umlegen und hat damit ein Instrument, den eigenen Bewertungsmaßstab quantitativ auf die Rezeptur zu übertragen. Anschließend nimmt man ein Leerfläschchen, tropft die persönliche Mischung und schüttelt es gut durch, bevor man zum ersten Mal daran riecht.

Für den therapeutischen Einsatz gibt es auch eine komplette Ausrüstung mit 100 ml Stockbottles, Leerfläschchen, Etiketten und einem PC-Rechenprogramm (Word/Excel), um aus dem Bewertungsergebnis eine präzise 10 ml Füllmenge zu rechnen.[5]

---

[5] s. Bezugsquellennachweis

Vertiefende Anwendung

Sei es, um sich eine persönliche Duftmischung zusammenzustellen, oder auch nur, um sich einfach vertiefend mit der Botschaft der Pflanzenhelfer zu beschäftigen, kann man mit mehreren Toren arbeiten.

Das Lösungsdreieck

Die neun Tore sind auf bestimmte Weise miteinander verbunden. Jedes der Tore hat zwei Korrespondenten, die jeweils ein unterstützendes und ein herausforderndes Potenzial darstellen. Hat man sich für eines der Tore entschieden (Kardinal), dann ergeben sich von selbst zwei weitere Tore, an denen sich ergänzende Pflanzenhelfer finden lassen, die zusammen ein Lösungsdreieck bilden. Hier folgt die Verbindung der Tore miteinander:

Kardinal	Unterstützung	Herausforderung
1 Tor der Ideale	7 Tor des Lernens	4 Tor der Kreativität
2 Tor der Großzügigkeit	4 Tor der Kreativität	8 Tor der Kraft
3 Tor der Inspiration	6 Tor der Zuversicht	9 Tor der Werte
4 Tor der Kreativität	1 Tor der Ideale	2 Tor der Großzügigkeit
5 Tor der Erkenntnis	8 Tor der Kraft	7 Tor des Lernens
6 Tor der Zuversicht	9 Tor der Werte	3 Tor der Inspiration
7 Tor des Lernens	5 Tor der Erkenntnis	1 Tor der Ideale
8 Tor der Kraft	2 Tor der Großzügigkeit	5 Tor der Erkenntnis
9 Tor der Werte	3 Tor der Inspiration	6 Tor der Zuversicht

An allen drei Toren können jeweils eine oder mehrere Pflanzenhelferkarten gezogen werden.

Wird nur mit dem Kartenset (ohne Düfte) gearbeitet, so empfiehlt es sich, jeweils nur eine Karte pro Tor zu ziehen und über ihre Bedeutung auf Grundlage der Kriterien Unterstützung und Herausforderung zu sinnieren.

Hat man alle Stoffe oder Öle, so kann auch eine Mischung aus bis zu neun Komponenten hergestellt werden, wenn an jedem Tor maximal drei Karten gezogen werden.

Erfahrungen mit den Pflanzenhelfern

Die Pflanzenhelfer in der Therapie

Das Kartenset ist mittlerweile über drei Jahre veröffentlicht und mir wurden viele spannende Ergebnisse von der Nutzung berichtet. Insbesondere haben mich die positiven Rückmeldungen aus Therapeutenkreisen gefreut, denn dies belegt, dass das Pflanzenhelfer-Kartenset ein wertvolles therapeutisches Werkzeug ist. Hinter der spielerischen Vorgehensweise sind starke energetische Kräfte am Werk, die darauf zielen, Ordnung im Verhältnis zwischen Körper, Herz und Geist zu schaffen.

Als erster Schritt muss die Person, die nach Klärung sucht, energetisch befähigt werden, Verantwortung für sich selbst zu übernehmen. Dies geschieht, indem sie mit den ihr zur Verfügung stehenden „Intelligenzen" in Kontakt tritt.

Wir tragen in uns nämlich drei verschiedene Quellen des Wissens.

1. Die Intelligenz der Zellen
2. Die Intelligenz des Herzen
3. Die Intelligenz des Verstands

Zieht man eine Karte, nutzt man die Intelligenz der Zellen, die „wissen", welche Karte die Finger ziehen sollen. Auch das Auspendeln erhält die nötigen Impulse aus dieser Quelle.

Schaut man die Bilder an und richtet die Aufmerksamkeit auf die Gefühle, die dadurch ausgelöst werden, ergibt sich in der Regel eine eindeutige phänomenologische Resonanz. Es wird sehr deutlich, wozu das Herz „Ja" oder „Nein" sagt.

Lesen wir die Botschaft des Tores und des Pflanzenhelfers, dann stellen sich innere Bilder und Assoziationen ein, die fast ausnahmslos auf eine besondere Art „ins Schwarze" treffen und durchs Gespräch in ein tiefes Verständnis führen können.
   Darin offenbart sich die Intelligenz des Geistes.

Alle drei Quellen des Wissens können wir zusammen nutzen, wenn zunächst ein Tor mit der Intelligenz des Herzens ausgesucht, dann ein Pflanzenhelfer an diesem Tor mit der Intelligenz der Zellen gezogen und zuletzt die Information dieses Pflanzenhelfers von Begleiter und Klient gemeinsam betrachtet und interpretiert wird (Intelligenz des Geistes).

Immer ist es die betroffene Person selbst, die auswählt oder deren Phänomene ausschlaggebend sind – damit ist sie für die Wahl des Mittels der eigenen Heilung selbst verantwortlich.
   Das Thema der Eigenkompetenz, die zu stärken oberste Priorität hat, sehen wir bei der therapeutischen Arbeit als ganz zentral an. Wer sich selbst heilen „will", hat dadurch die besten Voraussetzungen, gehen wir doch davon aus, dass Selbstheilung die nachhaltigste Form der Problemlösung ist. Sie baut darauf auf, dass wir uns eingebettet in das Große Ganze den regulativen Kräften des Kosmos anvertrauen dürfen. Er wird uns nähren und die innere Balance schaffen, wenn wir es selber zulassen können.

Die energetische Funktion der Pflanzenhelfer

Die Pflanzenhelfer als bildlich gestaltete Wesensbotschaften von Aromapflanzen verkörpern eine Information, die sich im Duft der Pflanze ausdrückt. Wir können diese Information über die Bilder geistig und emotional erfassen und zugleich auch den Duft olfaktorisch (über den Geruchsinn) oder kutan (über die Haut) aufnehmen.

Mittels ätherischem Öl oder durch Räucherung stehen uns verschiedene Verfahren zu Verfügung.

Räucherritual

Es gibt unzählige Rituale, die in Verbindung mit duftendem Rauch zelebriert werden.

Gehen wir davon aus, dass ein Ritual grundsätzlich der Verbesserung im Sinne der Schöpfung dienen soll, dann ist der Rauch ein geflügelter Bote. Im Rauch wird die Botschaft hermetisch an den Kosmos übergeben. Die Handlung selbst dürfen wir als eine energetische Verschmelzung der reinen menschlichen Absicht mit der Wesensbotschaft der Pflanze verstehen.

Man kann auch sagen, der Geist der Pflanze stellt sich in den Dienst am Leben, indem er sich mit der geistigen Haltung verbindet, die die Teilnehmer des Rituals einnehmen. Da er es auf seine eigene Art tut, ist es hilfreich, diese Wesensart für den Menschen über die Intelligenz des Herzens begreifbar zu machen. Die Pflanzenhelfer sind ein Werkzeug, um dies zu erreichen. Da sie in Bildform gebrachte Eingebungen sind, Symbole, die aus dem Kontakt mit den jeweiligen Düften entstanden sind, sprechen sie den Menschen unmittelbar auf der Herz-Seelen-Ebene an, und je offener die Haltung des Menschen ist, umso schneller und intensiver kann die energetische Botschaft wirken. Sie wirkt wie ein homöopathisches Konstitutionsmittel, das nur angeschaut werden muss, um seine Kraft zu entfalten. Schnell ist dann auch die Intelligenz des Geistes zur Stelle, die das Phänomen begreifen will. Wie dies in der Praxis aussehen kann, schildert der nachfolgende Bericht einer Ennearom-Praktikerin:

„Gestern durfte ich wieder einmal feststellen, wie stark manche Menschen auf die Pflanzenhelfer-Bilder reagieren ...

Am Wochenende habe ich an einer Vollmond-Schwitzhütte teilgenommen. Es ist üblich, den FeuerhüterInnen ein Giveaway, eine Kleinigkeit als Dank für ihre Arbeit mitzubringen. Ich habe für jeden je drei kleine Räucherproben (Alant, Dammar und Rosmarin) mitgebracht, und die jeweiligen Pflanzenhelferbilder dazu gezeigt. Die Feuerhüterin hat angefangen zu weinen, so sehr haben die Bilder sie berührt ... und einer der beiden Männer hat sich bei mir mit detaillierten Fragen einen mehrminütigen Vortrag zur genauen Anwendung abgeholt. Und das, obwohl sie alle mit Räuchern vertraut sind! Mir sind die Bilder und die zugehörigen Pflanzenenergien ja inzwischen so einigermaßen vertraut und ich gehe entsprechend damit um. Aber ist es nicht faszinierend, wie die Pflanzenhelfer auch auf die Menschen wirken, die ihnen sozusagen unvorbereitet begegnen, einfach nur weil sie offen dafür sind?"

Ähnliches wird uns immer wieder von professioneller Seite geschildert.

„Die Erfahrungen mit den Pflanzenhelfer-Karten und den Bildern sind immer wieder verwunderlich für Leute, die es

nicht gewohnt sind, mit Intuition und aus dem „Bauch" heraus zu handeln. Es geschieht immer wieder, wenn ich die Leute entweder eine Karte ziehen lasse oder aber ihnen die Torkarten vorlege und sie auswählen lasse, dass sie feststellen, dass es „ganz genau passt".

Die Bilder, ob Tore oder Pflanzenhelfer für ätherische Öle oder Räucherstoffe, sprechen die Leute stark an! Und es passt wirklich. Für die meisten Leute ist es ein ERLEBNIS festzustellen, dass man, ohne den Kopf einzuschalten, Entscheidungen aus dem Bauch treffen und die Ergebnisse dann auf den jetzigen Moment beziehen kann."

In gewisser Weise halten die Pflanzenhelfer dem Betroffenen einen Spiegel vor, damit bestimmte innere Haltungen erkannt werden können. Das erlaubt Bewegung und Veränderung. Wenn man den entsprechenden Duft in diesem Sinne nutzt, durch die Absicht „informiert" und in rituellem Rahmen einsetzt, dann hat man in der Tat ein kraftvolles Werkzeug.

Natürlich stellt sich die Frage, was denn eigentlich die Stimmigkeit der Aussagen über Bildnis und Wesensmerkmale des Pflanzenhelfers mit dem Zustand der wahrnehmenden Person im gegebenen Moment ausmacht.

Ich halte das, was sich da aufbaut, für ein energetisches Resonanzverhältnis. Es gibt ein Ungleichgewicht, das nach regulativem Einfluss ruft. Das ist auch so etwas wie ein inneres Erkennen, dass es um einen möglichen energetischen Ausgleich geht, was mitunter starke emotionale Reaktionen auslöst. Man wird auf einer tiefen Ebene berührt. Immer geht es auch darum, in den Moment zu kommen und bei sich selbst anzukommen. Der Mensch, der im tagtäglichen Trott den größten Teil der Zeit entweder in der Vergangenheit oder in der Zukunft verbringt und darüber räsoniert, *wie etwas sein wird, wo's doch schon immer so und so gewesen ist*, verliert leicht den Kontakt zu der Möglichkeit bewusster Wahrnehmung im Hier und Jetzt. Man vergisst sich selbst.

Aus schamanischer Sicht kann dieses „Sich-Selbst-Verlieren" als eine Art Vertrauensverlust in die eigenen Möglichkeiten der Gegenwart betrachtet werden. Die Seele zieht sich zurück und der Verstand dominiert den Augenblick, indem er rationale Entscheidungen trifft. Oft geht damit Angst einher und die Frage der Macht stellt sich. Die Liebe, als die entscheidende Kraft, wird von diesen dunklen Kräften in diesem Augenblick blockiert.

Hier sind wir bei einem wichtigen Thema angelangt:

Wir dürfen getrost davon ausgehen, dass die Gestaltung der Pflanzenhelfer ganz im Sinne der Liebe vorgenommen wurde.

Sie sind auf der spirituellen Grundlage des Enneagramms entstanden, dessen alles umfassender Aspekt der NEUN die heilige Idee der Liebe repräsentiert.

Wahre Heilung kann nur in Verbindung mit der Kraft der Liebe vollbracht werden.

Das wusste schon Paracelsus, dessen Werk im Siegeszug der Naturheilkunde heute immer mehr Beachtung findet. In den vier Säulen seiner Heilkunst steht die Philosophie als die Liebe zur Schöpfung und das Wissen um die Geheimnisse der Natur an vorderster Stelle. Astrologie und

Alchemie lehren, welche Kräfte im Kosmos wirken und wie das Geistartige in der Arznei als die eigentliche Heilquelle verstärkt werden kann. Zugleich formulierte er die Virtus = Liebe = moralische Integrität, Hingabe und Fertigkeiten des Heilers, ohne die alles Erreichte vergeblich wäre, als die Grundlage aller vier Säulen.

Wenn ich heute auf die Ergebnisse blicke, die durch das Pflanzenhelfer-Kartenset erzielt wurden, bin ich sehr froh, ein Instrument geschaffen zu haben, das, ganz im Sinne dieses großen Meisters angewendet, Heilung bewirken kann.

Ennearom – Psychologische Aromatherapie –

Duft unterstützt Verwandlung. Wenn Energiefluss blockiert ist, entstehen Schwierigkeiten, Schmerzen. Das kann sich in Problemen aller Art äußern.

Blockaden haben oft mit versteckten Ängsten zu tun. Angst vor Versagen aller Art, Verlust an Zuwendung, materielle Überlebensfähigkeit und so weiter. Düfte wirken sich stark auf die Befindlichkeit aus. Auf sehr subtile Weise tritt das Pflanzenwesen über den Duft in Kontakt mit den Menschen. Wir spüren eine deutliche Resonanz. Können wir den Duft zulassen?

Darf er uns helfen oder lehnen wir die aromatische Hilfe ab? Der Duft kann uns als Spiegel dienen. Wir bewegen uns auf der Ebene der Entsprechungen. Finden in der uns umgebenden Welt etwas Wesenhaftes, das uns spiegelt und damit Bewusstwerdung für die eigenen inneren Zusammenhänge unterstützt. Darin liegen die schamanischen und naturphilosophischen Wurzeln dieser Vorgehensweise.

Ennearom

Dem Pflanzenhelfer-Kartenset liegt das Ennearom-Prinzip zugrunde. Dies ist ein Verfahren der psychologischen Aromatologie/Osmologie, mit dessen Hilfe eine spezielle Ordnung in die Vielzahl der aromatischen Pflanzendüfte gebracht wird, um sie im Sinne einer dynamisierenden Unterstützung osmologisch beratend einzusetzen. Die Zielsetzung der Ennearom-Arbeit liegt darin, die regulative Kraft zu nutzen, die in den natürlichen Pflanzendüften liegt. In den Pflanzenhelfer-Karten wurde diese Kraft in eine wesenhafte Bildform projiziert. Die Erfahrungen haben gezeigt, dass sie durchaus auch als Bild-Information über die reine Energie-Ebene Wirkung ausstrahlt, die durch aromatherapeutische Anwendung verstärkt wird.

In der tibetischen Medizin haben alle Krankheiten geistige Wurzeln. Glaubenssätze, die auf der Vorstellung vom eigenen Ungenügen oder einer adaptierten Opfer-Täter-Haltung fußen, lassen so genannte Phantome entstehen. Es sind irreale Bedrohungen, die durch diffuse Gefühlszustände Druck aufbauen und letztlich in physische Erkrankung münden. Diese versteckten Ängste sind der Sand im Getriebe des menschlichen Organismus. Paracelsus nannte diese krank machende Gewalt „Ens spirituale", die dunkle Kraft der Geister, die der Mensch selber ruft. Er trägt in sich aber eben auch die Fähigkeit, sich von diesen Einflüssen zu befreien und damit die eigene Heilung zu bewirken. Zur Unterstützung werden die regulativen Impulse der Pflanzenwelt hinzugezogen. Bei der Ennearom-Arbeit geht es darum, die Eigenkompetenz des Einzelnen zu fördern, um die Selbstheilungskräfte des ganzen Menschen zu aktivieren. Dazu gehört eben auch, mechanische Reaktionsmuster zu entlarven, die in gewisser Weise fremdgesteuert sind. Solche Ängste entstehen zumeist in früher Kindheit, wenn die Außenwelt dem jungen Selbst die Fehler einredet. Wenn dieser Information, irgendwie falsch zu sein, Glauben geschenkt wird, entsteht so etwas wie ein illusionärer Abgrund, in den man zu stürzen droht, ein erwarteter Schmerz, den es um jeden Preis zu vermeiden gilt. Ein mechanischer Abwehrreflex bildet sich, der den Menschen immer wieder in die gleiche Sackgasse laufen lässt. Wer kennt diese Erfahrung nicht, wo innerhalb einer Partnerschaft immer wieder das gleiche Muster gegenseitiger Vorwürfe und Verletzungen abläuft, Erwartungen vom anderen nicht erfüllt werden und das eigene Verlustgefühl auf die Unfähigkeit des anderen übertragen wird, der den eigenen Abgrund doch überbrücken sollte?

Um sich aus diesem Dilemma zu befreien, ist ein Reifungsprozess nötig. Sich seines eigenen Potentials als Kraftquelle bewusst zu werden und Verantwortung für das eigene Leben zu übernehmen, ist ein Schritt, bei dem die Ennearom-Arbeit Unterstützung bietet.

Duft kann helfen, auf eine besondere Weise zu reifen und zur inneren Kraftquelle durchzustoßen. Räuchern zum Beispiel ist ein wunderbares Werkzeug, um im Augenblick anzukommen. Die heilsame Stimmung der Stille kann sich dabei ebenso entfalten wie die aufbauende Dynamik der Freude. Das Gefühl innerer Ausgeglichenheit, mit dem man dem „So-Sein" vertrauen darf, kennt und schätzt jeder, der mit diesem Medium in intensiveren Kontakt gekommen ist. Wenn der Botschaft des aromatisch duftenden Rauches mit wachsender Offenheit „gelauscht" wird, dann stellen sich oft erstaunliche Bilder ein. Mit diesen Bildern kann auch der Therapeut arbeiten.

Dazu ein Fallbeispiel, das die Herausforderung am Tor der Kreativität beschreibt, wie sie sich für jemanden darstellt, der am Tor der Ideale weilt:

Eine junge Frau reagiert auf den Duft des Muskatellersalbeis mit vehementer Ablehnung. Sie findet ihn geradezu unerträglich, so als raube er ihr das innere Gleichgewicht. Nun lässt sich die Botschaft dieser Pflanze stark im Zusammenhang mit dem Überschreiten bestimmter Grenzen interpretieren, und als dem Bereich des Unabwägbaren zugewandt. Der Duft ist ohne Frage eine Herausforderung an den kontrollierenden Verstand, der den schwankenden Boden der Gefühlswelt scheut. Diese Bilder tauchen beim Therapeuten auf und er spiegelt sie der jungen Frau. Bei ihr kristallisiert sich in diesem Moment die Erkenntnis, in welchem Ausmaß die Angst vor Kontrollverlust ihr Leben prägt. Ihr wird klar, wie kritisch sie dem Leben gegenübersteht und dadurch eine hohe Schwelle im Kontakt zu anderen Menschen aufbaut. Es ist ein Zustand, unter dem sie des Öfteren leidet. Das war ihr noch nie so klar. Jetzt erkennt sie ihre eigene Verantwortlichkeit für diese Situation und hat damit einen wesentlichen Schritt zur Reifung gemacht.

Das Ennearom-System bietet für einen solchen Prozess so etwas wie eine Landkarte zur Orientierung. Diese Karte ermöglicht es, die Erfahrung in einem größeren Zusammenhang zu sehen, weitere Schlüsse zu ziehen und entsprechende Duftstoffe zu finden, die helfen können, eine mögliche Blockade zu lösen.

Einen solchen Ansatz liefert auch das folgende Beispiel, das ein Schlaglicht auf das Tor der Großzügigkeit wirft:

Bei einer Frau mit einer innerlich gespaltenen Problematik stellt sich während einer therapeutischen Arbeit heraus, dass sie ein Schuldproblem im Zusammenhang mit Fülle hat. Sie gestattet es sich nicht, einfach aus der Fülle etwas für sich selbst zu nehmen. Bei der Ennearom-Arbeit reagiert sie mit absoluter Begeisterung auf Vanille, einen Duft, der die Leichtigkeit des Lebens transportiert und unkomplizierten Genuss ohne Reue signalisiert. Damit hat sie zunächst einen wunderbaren Begleiter gefunden, der den Mangel auf der aromatologischen Ebene ausgleichen kann und sie damit einen Schritt in Richtung einer sanften Lösung machen lässt.

Querverbindungen zu anderen Systemen

Grundsätzlich kann diese Duftarbeit mit den unterschiedlichsten Methoden kombiniert werden, die ganzheitlich ausgerichtet sind. Sie steht für sich alleine, kann aber durchaus auch wertvolle Bausteine für andere Therapien wie Aurasoma, Bachblüten oder Homöopathie liefern. So hat die intensive Zusammenarbeit in einem homöopathischen Arbeitskreis zu einer Vorgehensweise geführt, die nach dem Ennearomprinzip zugeordnete homöopathische Mittel benennt und auf die Persönlichkeit des Menschen abgestimmte Auswahlkriterien anbietet. Im Zusammenhang mit konstitutioneller Therapie ist diese Verknüpfung durchaus interessant.

Zweifellos machen Querverbindungen zu anderen holistischen Systemen die Anwendung der Pflanzenhelfer-Karten therapeutisch noch wertvoller.

Besonders dankbar bin ich dem Ennearom- und Heilpraktiker Steve Herrlein, der viele Monate Arbeit in seiner stark frequentierten Praxis in Neu-Isenburg der Erforschung energetischer Phänomene gewidmet hat, wie sie unter realen Behandlungs-Bedingungen mit Pflanzenhelfern auftraten. Er hat mir Material in Form von Fallbeispielen für dieses Buch zur Verfügung gestellt. Sie liefen vielfach über eine Kombination von Bachblüten und Pflanzenhelfer-Ölen. Beide Heilungsansätze zielen auf die Seelenebene, um die Störung ursächlich dort zu lokalisieren.

In einem Vorgespräch leitete der Therapeut den Patienten stets an, das eigene Thema zu finden. Die Problematik, das, was im Leben momentan nicht rund läuft, muss erst einmal herausgearbeitet und formuliert werden. Nach dem hermetischen Prinzip, dass allem Existierenden eine geistige Kraft zugrunde liegt, kann man auch sagen: „Die Energie folgt der Absicht", wenn es um die schöpferische Kraft geht. Die Fragestellung „Was fehlt mir?" lässt die Absicht der eigenen Suche nach Heilung sehr konkret werden. Das erweckt die energetischen Quellen zum Leben und lässt Schöpferkräfte fließen, wie die nachfolgenden Beschreibungen eindrucksvoll belegen.

Weitere Informationen über die Arbeit von Heilpraktiker Steve Herrlein und die sinnvolle Kombination von therapeutischen, energetisierten Ölen und Ennearom finden Sie unter www.naturheilpraxis-herrlein.de.

Fallbeispiele aus der Heilpraxis

Ylang-Ylang + Geranium

Ein verblüffendes Beispiel, wie der Kontakt zur eigenen (weiblichen) Sexualität (YlangYlang) von den Pflanzenhelferkarten aufgedeckt und anschließend zum Ausgleich (Geranium) geführt wurde.

Eine Patientin, 37 J., kommt in die Praxis wegen eines Kinderwunsches. Sie hat bereits einen Sohn und wünscht sich zusammen mit ihrem Ehemann ein zweites Kind. Die Geburt des ersten Kindes war voller Komplikationen. Es kam im Anschluss zu schweren Unterleibsinfektionen und die Monatsblutung blieb aus. In der Praxis lasse ich sie kurz über ihr Problem berichten. Das tue ich immer, um ein Resonanzphänomen mit den Bachblüten- und Pflanzenhelferkarten herzustellen. Sie zieht die Bachblütenkarte Agrimony und den Pflanzenhelfer Ylang Ylang. Agrimony ist die Ehrlichkeitsblüte, wenn man versucht, quälende Gedanken, innere Unruhe oder Konflikte hinter einer Fassade von Fröhlichkeit zu verbergen. Agrimony fördert die innere Ehrlichkeit, sich so zu zeigen, wie man wirklich ist oder wie man sich fühlt. Ylang Ylang führt uns in die Tiefen unserer Gefühlswelt, um der wahren Natur der Dinge Ausdruck verleihen zu können und der Ästhetik im körperlichen Ausdruck ganz freien Lauf zu lassen. Dabei wird der Zugang zum Herzen geöffnet und die Ratio und Angepasstheit muss zurücktreten. Ylang Ylang nimmt die Thematik der weiblichen Sexualität in Beschlag und kann eingesetzt werden bei Proble-

men mit der eigenen Sexualität. Ich spürte vom ersten Moment an, dass diese Patientin mir nicht die ganze Wahrheit sagte, verständlicherweise. Ich fühlte, dass sie sehr angepasst ist und nicht ihre wahre Sexualität auslebt und ihre Bedürfnisse zeigt. Sie erhielt in dieser Sitzung Agrimony in einer Potenz von D 1000 und bekam von meiner Kollegin eine Massage mit Ylang Ylang. Zum nächsten Termin bestätigt sich meine Vermutung. Sie kommt in die Praxis und fragt mich, was ich denn beim letzten Termin mit ihr gemacht hätte. Sie würde auf der Arbeit von ihren männlichen Kollegen ständig Komplimente bekommen und zum Mittagessen eingeladen werden. Ich frage sie, ob ihr das gefallen würde, was sie mit einem Lächeln bejaht. „Ich bekomme sehr gerne Anerkennung, mein Mann macht mir leider so selten Komplimente. Für ihn ist alles schon Gewohnheit. Doch diese Woche hat er mir mal wieder ein Kompliment gemacht." Diese Thematik im Raum stehen lassend, fordere ich sie erneut auf, eine Bachblüte und einen Pflanzenhelfer zu ziehen. Sie zieht die Bachblüte Heather und den Pflanzenhelfer Geranie. Ich lächele innerlich, denn jetzt wird vieles klar. Heather ist die Bachblüte des „bedürftigen Kleinkindes", das ständig Aufmerksamkeit braucht und im Mittelpunkt stehen will. Es braucht viel Publikum und ist ständig mit sich selbst beschäftigt. Geranie wirft ein Schlaglicht auf Beziehung und Partnerschaft, sorgt für zwischenmenschliche Kommunikation und hilft dabei, Unzufriedenheiten und Aggressivität aufzulösen und Harmonie frei von emotionalen Belastungen zu schaffen. Ich erkläre ihr, dass es ihr sicherlich gut tun würde, sich nicht so abhängig von der Anerkennung und Bewunderung anderer zu machen und mit ihrem Mann in friedlicher und ehrlicher Atmosphäre unverarbeitete Probleme zu bereinigen und echte unerfüllte Bedürfnisse zu erwähnen. Sie fühlte sich nach diesem

Termin angenehm leicht und befreit. Vier Wochen später bekam sie zum ersten Mal wieder ihre Monatsblutung.

Beide Pflanzenhelfer-Karten sind der „Gefühlstriade" (Tor der Kreativität + Tor der Inspiration) zugeordnet. Daraus leitet sich ab, dass hier der Problembereich zu suchen ist, der auf Ausgleich drängt. Die Massage mit YlangYlang hat auf der körperlichen Ebene einen starken Impuls gesetzt. Ich vermute, dass Geranie zum zweiten Termin therapeutisch auf der Energieebene, d.h. auf Resonanzpunkten (z. B. Solarplexus) aufgebracht wurde.

Lemongras

Nun folgt ein sehr anschauliches Beispiel, wie sich der „Peter Pan der Aromawelt" – Lemongras – manifestiert, wenn er gebraucht wird. Er vermittelt die Qualitäten Mut und Kraft, die auf spielerische Weise eingesetzt insbesondere für die Entwicklung der Kinder so wichtig sind:

Ein Ehepaar kommt mit seinem Sohn in meine Praxis. Eigentlich hatte der Vater einen Termin, doch die Eltern fragten mich, ob ich etwas für ihren Sohn tun könne. Er sei seit vier Wochen ständig erkältet und würde kränkeln. Nichts habe bisher geholfen, keine Antibiose oder ähnliches. Ich überlege, was das Kind haben könne, und betrachte es. Dabei kommt mir der Gedanke, den kleinen Jungen eine Pflanzenhelferkarte ziehen zu lassen. Doch habe ich zunächst nicht den Mut, das vor den Eltern zu machen, denn ich habe mit Kindern in dieser Form noch keine Erfahrungen gemacht und will mich nicht blamieren. Doch ist die innere Stimme so stark, dass ich ihn schließlich doch eine Karte ziehen lasse. Er zieht Lemongras.

Ich lese den Eltern die Thematik von Lemongras vor. Das Motto von Lemongras ist: „Das Neue ist willkommen." Wann immer Ängste aus dem Untergrund der Gefühlssphären die Funktion des Verstandes boykottieren, nimmt Lemongras sich dieser Ängste an und löst sie auf. Es hilft dabei, mutig den Herausforderungen des Lebens entgegenzutreten. Die Eltern schauen sich auf einmal an und werden ganz still. „Das ist ja unglaublich. Unser Sohn kam vor vier Wochen in den Kindergarten und fühlt sich dort nicht besonders wohl. Aber dass dies die Ursache für seine ständigen Erkältungen ist, um zuhause bleiben zu können, daran hatten wir nie gedacht." Ich gebe den Eltern ein Fläschchen mit Aprikosenkernöl mit und tropfe Tropfen Lemongras hinein – 2–3 Tropfen. Diese Mischung sollen sie ihm morgens und abends auf den Solarplexus reiben. Nach einiger Zeit kann der Junge viel unbeschwerter in den Kindergarten gehen.

Es ist schön zu sehen, wie die Begleitung durch diesen optimistisch lustigen kleinen Pflanzenhelfer den Jungen offensichtlich motivieren konnte, sich bereitwilliger auf das Neue einzulassen.

Vetiver

Bisweilen zieht man eine Pflanzenhelferkarte, die ziemlich genau die Energie eines Tores trifft. Im nachfolgenden Beispiel ist es das Tor der Werte, wo im Schattenbereich doch „alles sowieso egal ist" und man nur noch seine Ruhe will, weil keine Orientierung zur Werterfüllung möglich ist. Wenn dort Vetiver als Begleiter gezogen wird, dann geht es darum, das eigene Leid zu lösen, um sich so zu lieben, wie man ist, und damit auch den anderen das Recht des So-Seins zuzugestehen, auch wenn es nicht der eigenen Vorstellung entspricht. Zusammen mit der Bachblüte Chicory wird beim folgenden Fallbeispiel die Problematik des Väterlichen und des Mütterlichen augenfällig, das nicht in der Liebe ist (Heilige Idee am Tor der Werte):

Eine Patientin, 55 J., kommt in die Praxis wegen allgemeinen Unwohlseins und Antriebslosigkeit. Dabei schildert sie mir auch ihre Probleme mit ihrem Sohn. Er ist ein Adoptivkind und 22 Jahre alt. Er ist ziemlich orientierungslos und entspricht in seiner ganzen Entwicklung nicht den Vorstellungen seiner Eltern. Die Mutter erzählt, wie viel Kummer ihr dieses Thema schon gemacht habe, und eigentlich wolle sie gar nichts mehr davon wissen und ihre Ruhe haben. Daraufhin zieht sie in dieser Sitzung die Pflanzenhelferkarte Vetiver und die Bachblütenkarte Chicory. Durch Vetiver erfährt der Mensch einen starken Schub hin zu Ruhe und Toleranz und die Fähigkeit, sich mit allen Teilen seiner selbst und mit seinem Umfeld anzufreunden. Er errichtet einen Schutzwall für die Seele gegen äußere Einflüsse. Außerdem hilft Vetiver, unerlöstes Leid und Kummer zu verarbeiten. Dort, wo Bitterkeit und Enttäuschung eine ablehnende Haltung hinterlassen haben, ist auch kein Kontakt mehr möglich. Vetiver löst diese Abwehrhaltungen, führt uns zurück zu den eigenen Wurzeln und öffnet die Herzensebene, um Kontakt möglich zu machen. Die Bachblüte Chicory ist die „Mütterlichkeitsblüte" und unterstützt die Wandlung von fordernder Liebe zu gelassener Liebe. Dies ist notwendig bei einer besitzergreifenden Persönlichkeitshaltung, mit der man sich bewusst oder unbewusst überall einmischt. Chicory fördert die bedingungslose Liebe und Uneigennützigkeit. Die Patientin wirkt danach sehr nachdenklich und fängt an zu weinen, und möchte wieder einen liebevollen Kontakt zu ihrem Sohn herstellen.

Es mutet wunderbar an, wie allein die Betrachtung der Dinge unter dem Einfluss der Pflanzenbotschaft, begleitet von energetischen Mitteln, eine Verwandlung auf tiefer Ebene bewirken kann. Sich der eigenen inneren Prozesse in beobachtender Haltung bewusst zu werden, ist der erste und wichtigste Schritt zur Heilung.

Citronella

Erstaunlich, wie aus der Kombination dieser zwei Formen von Pflanzen-Energiearbeit mit Pflanzenhelfern und Bachblüten immer sofort eine klare Richtung zu erkennen ist. Sich zunächst von der Vorstellung zu befreien, man sei begrenzt und in Fesseln geschlagen – dies leistet im nachfolgenden Beispiel ein Pflanzenhelfer, um dann den Stab für energetische Unterstützung an die Bachblüte weiterzureichen:

Eine Patientin, 36 J., kommt in die Praxis wegen Neurodermitis. Sie ist nach der Trennung von ihrem Mann allein erziehende Mutter und ziemlich niedergeschlagen, frustriert von ihrem Leben und fühlt sich oft überfordert. Sie zieht die Pflanzenhelferkarte Citronella und die Bachblütenkarte Hornbeam. Das Motto von Citronella ist: „Dinge kommen in Bewegung." Es hat eine stark antidepressive Wirkung und dient als Wegweiser für sinnvolle Entwicklungsprozesse im Leben. Citronella hilft dabei, von lähmenden Gewohnheiten zu lassen, die tägliche Routine zu durchbrechen und sich neuen Erfahrungen und Eindrücken zuzuwenden. Es bringt die Energien wieder zum Fliessen, wirkt anregend und erfrischend. Die Bachblüte

Hornbeam ist die „Spannkraftblüte". Sie verhilft von seelischer Schlaffheit zu geistiger Frische. Vor allem bei Montagmorgen-Gefühl oder wenn man glaubt, man wäre zu schwach, um die alltäglichen Pflichten zu bewältigen, unterstützt Hornbeam dabei, diesen Teufelskreis zu durchbrechen. Die Blüte gibt ein Gefühl von Frische und Schwung, durchbricht Routinezustände und schenkt Arbeitsmotivation. Hornbeam in einer D 1000 und eine Massage mit Citronella (1–2 Tropfen auf einen Esslöffel Pflanzenöl) geben der Patientin neue Lebenskraft.

Vitalität ist eben reine Energie und lässt sich am allerbesten auf der energetischen Ebene generieren! Wir sind aber auch am besten aufgestellt, wenn wir gleichzeitig selbst begreifen, was uns wirklich fehlt.

Palmarosa

Ob aufgrund krankhafter Symptome oder auch einfach nur im Zusammenhang mit gewünschter Entspannung zur Wellness-Anwendung sind die Pflanzenhelfer immer wieder erstaunlich präzise in ihrer Aussage und vermitteln neben dem hilfreichen aromatischen Impuls immer auch eine wichtige Botschaft via Intelligenz des Geistes:

Ein Patient, 36 J., kommt in die Praxis, um sich von meiner Kollegin massieren zu lassen. Er ist Investment-Banker und im Moment völlig gestresst und überfordert durch die bestehende Finanzkrise. Eigentlich wolle er nur schlafen und nichts tun. Er zieht die Pflanzenhelferkarte Palmarosa. Das Motto von Palmarosa ist: „Neue Kraft schöpfen." Sie vermittelt eine flexible Grundhaltung zum Leben und seinen Problemstellungen. Suggeriert einen fröhlich-leichten Umgang mit schwierigen

Situationen. Zugleich vermittelt sie uns, Vertrauen in den naturgegeben Lauf der Dinge zu investieren und die Belastungen nicht so ernst zu nehmen. Damit ist Palmarosa unterstützend hilfreich bei Beschwerden aller Art. Palmarosa richtet seelisch auf, stellt das innere Gleichgewicht wieder her, besänftigt die überstrapazierten Nerven und löst Verspannungen auf körperlicher Ebene. Der Patient litt aufgrund der inneren Anspannung unter starken Nackenverspannungen und ist ein nächtlicher „Zähneknirscher". Die anschließende Nackenmassage mit Palmarosa verhalf ihm zu neuem Mut und Wohlbefinden.

Es ist wohl eindeutig so, dass die regulative Botschaft der Pflanze den Menschen am nachhaltigsten dann erreicht, wenn neben der geistigen Ebene möglichst auch die emotionale und körperliche angesprochen wird. Aus diesem Grund ist im therapeutischen Bereich die Massage eine sehr gut geeignete Form, die Information auf Energiekörper und Körperzellen zu übertragen.

Cassiazimt

Dass physiotherapeutische Arbeit aus diesem Grund auch viel mehr sein kann, als man sich gemeinhin vorstellt, ist zweifelsohne eine Herausforderung für diejenigen, die sich dieser Arbeit verschreiben. Aber worin auch immer die Herausforderung besteht, die beste innere Haltung, um jeglichem Selbstzweifel das Handwerk zu legen, wird von Pflanzenhelfer und Bachblüte in totaler Übereinstimmung wie folgt angetragen:

Meine Kollegin hat sich mit ihrer Massagepraxis selbstständig gemacht. Sie muss nun die ganze Organisation, Terminvereinbarungen und Patientenbetreuung selbst machen. Es kommen nun

Zweifel auf, ob sie das alles schaffen werde und ob sie wirklich eine gute Masseurin sei. Sie kommt zu mir in die Praxis und sagt mir, sie sei so traurig und unzufrieden über die kleinen Fehler, die sie noch mache. Sie zieht die Pflanzenhelferkarte Cassiazimt und die Bachblütenkarte Larch. Das Motto von Zimt ist: „Aus der Enge treten." Nur ein weites Herz kann verzeihen und loslassen. Auch sich selbst. Das ist der wahre Weg, um inneren Frieden zu finden. Cassia eliminiert Stress und Ängste und verhilft uns dazu, uns so anzunehmen und zu lieben, wie wir wirklich sind. Mit all unseren Stärken und Schwächen. Cassia ermöglicht es uns, die selbst auferlegten Grenzen zu überschreiten und unsere Träume zu träumen und zu leben, auf dass unsere Selbstsicherheit im Alltag wachsen möge. Die Bachblüte Larch ist die „Selbstvertrauensblüte". Sie verhilft von der Selbstbegrenzung zur Selbstentfaltung. Sie sollte immer dann eingesetzt werden, wenn man Minderwertigkeitsgefühle hat, oder durch einen Mangel an Selbstvertrauen stets in Erwartung von Fehlschlägen ist. Larch gibt Selbstvertrauen und ein gesundes Selbstwertgefühl. Seine Affirmation lautet: „Ich kann es, ich will es und ich tue es." Meine Kollegin fängt daraufhin an zu weinen und möchte in Zukunft nicht mehr so streng und hart zu sich sein.

So sieht „Motivation pur" aus, wenn sie als regulativer energetischer Impuls auf der geistigen Ebene einschlägt und zugleich das Herz bewegt.

Orange

Wenn Lebensfreude abhanden kommt, dann hat sich das innere Kind verabschiedet und das Leben erscheint nur noch schwer und düster. Es ist dann, als würde der Blick immer magisch von dem angezogen, was falsch und ungenügend erscheint. Diese begrenzte Sicht spiegelt sich durchaus auch in einem eingeschränkten Stoffwechselprozess. Da nimmt es nicht wunder, wenn eine Pflanzenhelfer-Sonnenfrucht als idealer Antipode auf den Plan gerufen wird, wie das folgende Beispiel zeigt:

Ein Patient, 51 J., kommt mit seiner Lebensgefährtin in die Praxis und bittet um Hilfe bei diffusen Verdauungsbeschwerden und starker Schwäche. Er besitzt einen Eissalon und berichtet mir von dem ständigen Ärger mit seinen Angestellten. Er ist frustriert und verzweifelt über die schlechte Arbeitsmoral der Menschen. Traurig und wie ein Häufchen Elend sitzt er mir gegenüber. Seine Lebensgefährtin beklagt seine mangelnde Unternehmungslust. Sie würde gerne einmal mit ihm verreisen, aber ihr Partner meine, er könne seinen Laden nicht alleine lassen. Er zieht die Pflanzenhelferkarte Orange und die Bachblütenkarte Wild Rose. Das Motto von Orange ist: „Die Leichtigkeit des Seins." Orange ist wie das innere Kind, das dem Lebensdrama die Stirn bietet und sich einfach nur am Leben erfreuen will. Dieser Duft führt uns ins seelische Gleichgewicht, sorgt für Herzenswärme und hält uns die Leichtigkeit des Seins vor Augen. Sich auch einmal wieder am Einfachen und Schlichten erfreuen zu können und nicht nur belastende und destruktive Faktoren zu sehen, das vermittelt die Orange. Die Bachblüte Wild Rose ist die Blüte der „Lebenslust". Sie verhilft von der Selbstaufgabe zur Hingabe. Fühlt man sich apathisch, teilnahmslos und hat innerlich kapituliert, dann fehlt einem die Energie von Wild Rose. Sie schenkt Lebensfreude und innere Motiviertheit und gibt einem das Gefühl, leben zu wollen und seine Lebenschance zu ergreifen. Der Patient bekommt Wild Rose in einer C 200 und eine Fußreflexzonenmassage mit Orange. Zum nächsten Termin berichtet er schon von einer Verbesserung seines Zustandes.

Ganz ausgezeichnet wieder die Synergie zwischen Pflanzenhelfer und Bachblüte, wie beide gemeinsam an einem Strang ziehen, um einen aus dem Ruder gelaufenen Lebensprozess wieder auf Kurs zu bringen. Der regulative Einfluss scheint in der Kombination beider Prinzipien eine besondere Dynamik zu entfalten.

Rosmarin

Dies wird auch im nachfolgenden Fallbeispiel sehr deutlich, wo sich auch noch zwei ethnobotanische Schwergewichte des Mittelmeerraumes die Hand reichen.

Das ist natürlich eine starke Allianz, die sich da im Sinne von Initiative und Kraft gebildet hat.

Eine Patientin, 33 J., kommt zu mir in die Praxis wegen Kopfschmerzen, Nackenverspannungen und Müdigkeit. Sie ist schon sehr lange meine Patientin und hat jetzt nach langem Studium eine Arbeitsstelle als Juristin in einer Kanzlei angefangen. Sie wäre total erschöpft und müsse sich erst mal an das frühe Aufstehen und den sehr langen Arbeitstag gewöhnen. Sie zieht die Pflanzenhelferkarte Rosmarin und die Bachblütenkarte Olive. Rosmarin vermittelt unbeschwerte Tatkraft und einen starken Impuls, sich dem Leben auf kindlich-unbändige Weise hinzugeben und die Initiative in die Hand zu nehmen. Rosmarin ist ein Stimulans für Geistesarbeit und verhilft zu einer konzentrierten mentalen Ausrichtung und unterstützt die Willenskraft und das Gefühl, sich etwas zuzutrauen. Seine feurige Energie aktiviert kämpferische Energie und unterstützt Veränderungsprozesse während Transformationsphasen. Die Bachblüte Olive ist die „Regenerationsblüte". Man fühlt sich körperlich und seelisch ausgelaugt und erschöpft, alles ist zuviel. Olive baut seelisch auf, fördert die innere Regeneration und erschließt innere Kraftquellen. Es gibt einem das Gefühl von Ruhe, Kraft und Erholung. Die Patientin erkennt ihren Zustand und ist zuversichtlich, durch die Einnahme von Olive und die regelmäßige Einreibung mit Rosmarin wieder in ihre Kraft zu kommen.

Ich bin sicher, mit diesem „Sonnen-Team" lässt sich jeder Preis gewinnen. Die Kraftquellen werden erschlossen, der Zündfunke lässt den Motor warmlaufen, und auf geht's ins Rennen.

Lavendel

Ganz besonders deutlich wird bei diesen Fallbeispielen, welche Rolle die Absicht des Patienten spielt. Im nachfolgend beschriebenen Fall wollte der Patient Reinigung und bekam sie auch als volle Breitseite. Interessant ist hier, dass es sich bei der Befindlichkeit dieses Patienten um die Energie am Tor der Kreativität zu handeln scheint, wo das Gefühl der Bodenlosigkeit immer wieder von der Perfektion (Tor der Ideale) tangiert wird und korrigiert werden möchte:

Ein Patient, 29 J., kommt in die Praxis mit dem Wunsch, seinen Körper zu entgiften. Er sei nicht besonders glücklich mit seinem Leben und seiner Arbeit. Eine unglückliche Liebe und das Gefühl von Einsamkeit spiele auch eine Rolle. Um aus dem frustrierenden Alltag auszubrechen, mache er am Wochenende

„Hardcore-Party". Das bedeute exzessive Drogeneinnahme und Alkoholabusus. Das Ganze ohne Schlaf. Am Montag sei er dann völlig gerädert und mache sich Vorwürfe, das er es wieder übertrieben habe. Eigentlich wolle er das Ganze gar nicht mehr. Er zieht die Pflanzenhelferkarte Lavendel und die Bachblütenkarte Crab Apple. Eine der Hauptaufgaben des Lavendels ist es, Verunreinigungen jeglicher Art abzuwaschen und Ordnung wiederherzustellen. Wie eine kühlende und schützende Hand legt sich sein Duft ausgleichend auf heiße Prozesse. Interessant ist hier ein Vergleich zur chinesischen Medizin, welche sagt, die Einnahme von Drogen führe zu toxischer Hitze im Körper und zu einem unruhigen Geist. Lavendel stärkt das Selbstvertrauen, löst negative Gefühle auf und bringt Ordnung in das emotionale Chaos. Crab Apple ist die „Reinigungsblüte" unter den Bachblüten. Sie wird eingesetzt, um auf körperlicher Ebene das Blut zu reinigen, und auf psychischer Ebene, wenn man sich innerlich oder äußerlich beschmutzt, unrein oder infiziert fühlt. Auch Perfektionismus ist eine Indikation für Crab Apple, denn diese Bachblüte führt vom zwanghaften Ordnungsdrang zur inneren Ordnung und dem Sinn für eine höhere Ordnung. Die Affirmation von Crab Apple ist: „Ich fühle mich wohl, ich nehme mich an, wie ich bin, und ich sehe, was wirklich wichtig ist." Lavendel und Crab Apple gaben dem Patienten immer wieder ein Gefühl der Klarheit und Ordnung, doch gelang es ihm bisher nicht, die Wochenendexzesse vollkommen sein zu lassen. Dazu bedarf es sicher einer tiefenpsychologischen Betrachtung.

Lavendel (Tor der Erkenntnis) ist in direkter Nachbarschaft zum Tor der Kreativität angesiedelt und bringt kühlend und klärend Ordnung und Ruhe. Zugleich hat das Tor der

Erkenntnis Qualitäten wie Ordnungsanspruch, distanzierte Haltung und kühle Klarheit, die dem Tor der Ideale sehr sympathisch sind.

Das eigentliche Problem dieses Patienten scheint mir in der Schattendisposition am Tor der Kreativität zu liegen, wo Leid und Glück ineinander verschmelzen und zwanghafte Handlungen auch selbstzerstörerische Züge annehmen können.

Lavendel klärt da auf jeden Fall den Blick und spielt auch Feuerwehr, wenn einmal wieder eine Feuersbrunst ausgebrochen ist.

Hoholz

Jetzt kommt ein Fallbeispiel, das besonders schön den Typus am Tor der Kraft beschreibt, der Konflikten nicht aus dem Weg geht, und wo die Frage, wer hier das Sagen hat, grundsätzlich in den Raum gestellt wird. Sich hart zu geben, um das Weiche zu schützen und jegliche Verletzbarkeit abzuschmettern, ist zu einem Panzer geworden und hat bereits den Blick auf die sensible Schönheit der Dinge getrübt.

Ein Patient, 41 J., kommt in die Praxis mit einer Augenvenenthrombose, die im schlimmsten Fall zur Erblindung führen kann. Er wirkt sehr streng, unnahbar, hart und skeptisch. Auch seine Körperhaltung wirkt sehr verkrampft und verspannt. In dieser Sitzung zieht er die Pflanzenhelferkarte Hoholz und die Bachblütenkarte Vine. Hoholz drückt in seinem Duft ganz speziell die Du-Seite aus und wirkt in gewisser Weise wie ein Botenstoff für Verständigungsaktionen und Kommunikation. Es ist ganz und gar auf Ausgleich mit der Umgebung ausgerichtet. Verantwortlich dafür ist der hohe Anteil an Linalool im Hoholz. Weiterhin hilft Hoholz dabei, aufgeweckt und dennoch gelassen in die Welt zu schauen, und Spannungen durch aufmerksame Zuwendung auszugleichen. Die Bachblüte Vine ist die „Autoritätsblüte" unter den Bachblüten. Das Motto von Vine ist: „Führen und sich führen lassen." Sie wird eingesetzt, wenn man unbedingt seinen Willen durchsetzen möchte und Probleme mit Macht und Autorität hat. Vine hilft dabei, sich einzufühlen, zu respektieren und zu würdigen und zu unterstützen. Nachdem der Patient doch von der Aussagekraft der Karten überzeugt ist, gesteht er mir, dass er mit einigen Chefs wirklich große Probleme habe, da er sich schlecht unterordnen könne. Das sei früher schon so mit seinem Vater gewesen, den er öfter beinahe physisch angegangen wäre. Im Laufe der folgenden Sitzungen konnte man beobachten, wie der Patient sich mehr und mehr öffnete und „weicher" wurde. Sehr glücklich war ich, als er mir erzählte, dass sogar seinem Umfeld aufgefallen sei, wie positiv er sich verändert habe. Er sei viel umgänglicher geworden. Die Augen zeigten vorerst nur eine leichte Besserung, aber wir arbeiten weiter daran.

Gehen wir davon aus, dass Hoholz (Cinnamomum camphora) die weiche Seite des Kampferbaumes (Kampfer = Tor der Kraft) repräsentiert und seine spezifische Botschaft ist, die Gegensätze aufeinander zuzuführen, dann ist die Kombination mit Vine als „Autoritätsblüte" schon wieder genial. Der gelassene Blick in die Welt, auf Verständigung und nicht auf Konflikt ausgerichtet, wird bei diesem Patienten im besten Sinne regulativ auf das Augenlicht wirken können, da bin ich ganz sicher.

Weihrauch

Das nächste Fallbeispiel zeigt eine Resonanz zwischen Symptom und Pflanzenhelfer, denn Weihrauch ist bei Atemwegserkrankungen durchaus ein starker Gegenspieler, der aktiv in Entzündungsprozesse eingreift. Noch mehr und ganz besonders in Verbindung mit der Bachblüte Star of Bethlehem, einer fast schon biblischen Konstellation, trifft das Mittel jedoch im psychisch-seelischen Bereich in den Kern der Dinge.

Eine Patientin, 63 J., kommt in die Praxis wegen starker Sinubronchitis nach einem Familienurlaub auf Ibiza. Sie wirkt sehr traurig und niedergeschlagen und erzählt mir, es sei alles zu viel für sie im Moment. Alles habe sich so negativ in der Familie entwickelt und sei nicht so, wie sie sich ein harmonisches Familienleben vorstellen würde. Ihr Schwiegersohn habe vor einiger Zeit ihre Tochter verlassen und sie würde sich so sehr um ihre Enkelchen sorgen. Es sei schlimm, wenn Kinder in solchen Verhältnissen aufwachsen würden. So klagt sie noch ein wenig weiter und zieht dann die Pflanzenhelferkarte Weihrauch und die Bachblütenkarte Star of Bethlehem. Der Duft von Weihrauch hilft uns dabei, Schicksalsschläge anzunehmen, über die Trauer zu innerem Frieden zu gelangen und Kraft für einen neuen Anfang zu finden. Außerdem macht er durchlässig für höhere Schwingungen, hilft uns, die Gesetze des Lebens zu verstehen und die Verbindung zwischen körperlichem Dasein und Spiritualität zu erfahren. Weiterhin hilft er, inneren Frieden mit geliebten Menschen zu finden, zu verzeihen und loszulassen. Auch den tieferen Sinn schwieriger Umstände lässt er uns leichter annehmen. Die Bachblüte Star of Bethlehem ist die „Trostblüte" unter den Bachblüten. Haben wir Schocks erlitten, so verhilft sie uns zur Reorientierung. Wenn man seelische oder körperliche Erschütterung noch nicht verkraftet hat, ist sie ein wahrer Seelentröster. Sie fördert die Feinsinnigkeit und Bereitschaft zur Erlebnisverarbeitung. Die Sinubronchitis war leicht in den Griff zu bekommen, aber den Umständen in ihrer Familie etwas Gutes abgewinnen zu können, damit tat die Patientin sich noch sehr schwer. Ich vereinbarte mit ihr fünf Ganzkörpermassagen mit dem ätherischen Öl des Weihrauchs.

Natürlich ist es schwer, dem inneren unverarbeiteten Verlust ins Gesicht zu schauen, der sich im Außen immer wieder als Bedrohung zeigt, wenn wir ihn nicht als wichtige Erfahrung integrieren können. Hier ist eine intensive Vorgehensweise auf der Ebene der Zellen mit Sicherheit ein hilfreicher Ansatz.

Geranium

Immer wieder zeigen die Fallbeispiele in aller Deutlichkeit, wie das auf den Tisch kommt, was im gegebenen Augenblick „dran" ist. Wenn ein Mensch, der eher zurückhaltend bis ausgrenzend mit seinen Gefühlen umgeht, dennoch auf die Offenheit der Pflanzenhelfer und die Unterstützung der Bachblüten setzt, dann bekommt er auch eine klare Ansage, die ihn über den eigenen Schatten springen lässt. Das wird durch dieses Beispiel gut demonstriert:

Ein guter Freund von mir kommt um die Faschingszeit in die Praxis. Er lässt sich regelmäßig von mir wegen eines Morbus Scheuermann behandeln. Er ist schon länger verheiratet, jetzt aber zum ersten Mal Vater geworden. Er ist nicht der Typ, der gerne über seine Gefühle spricht, aber trotzdem legt er bei jedem Termin sehr viel Wert darauf, eine Pflanzenhelferkarte und eine Bachblütenkarte zu ziehen. Er ist immer wieder sehr überrascht, wie treffend die Aussagen dieser Karten sind. In dieser Sitzung zieht er die Pflanzenhelferkarte Geranium und die Bachblütenkarte Water Violet. Ich frage ihn umgehend, ob er Probleme mit seiner Frau habe. Er schaut mich etwas verwundert an und fragt mich, woher ich das wisse. Ich erahnte es anhand der Kartenkombination. Der Pflanzenhelfer Geranium berührt unsere seelische Verfassung dort, wo aufgestaute Gefühle den Energiefluss behindern, weil Probleme nicht verarbeitet werden können. Durch die vollkommene Ausrichtung auf Kommunikation und harmonisches Miteinander wird es ein Leichtes für uns, in unser inneres Gleichgewicht zu finden und angespannte dunkle Stimmung aufzuhellen. Des Weiteren wirft Geranium ein Schlaglicht auf Beziehung und Partnerschaft und zeigt uns, wie wir durch eine liebenswürdige Haltung freundliche und kooperative Stimmung schaffen können. Feindselige Stimmungen müssen zunächst aufgelöst werden, damit wir wieder positive Gefühle zulassen können. Das gilt auch für partnerschaftliche und zwischenmenschliche Konflikte. Die Bachblüte Water Violet ist die „Kommunikationsblüte" unter den Bachblüten. Ihr Motto ist: „Von der Isolation zum Miteinander." Man kann sie bei Gefühlskälte, Beziehungsunfähigkeit, Einsamkeit, isoliertem Überlegenheitsgefühl oder innerlichem Rückzug einsetzen. Es fördert die Kommunikationsfähigkeit und vermittelt ein Gefühl des Miteinanders. Ihre Affirmation lautet: „Ich gehöre dazu, ich nehme teil und ich erlaube Nähe." Mein Freund erzählt mir, er habe Streit mit seiner Frau gehabt, nachdem er am Faschings-Rosenmontag etwas zu viel gefeiert und sie alleine mit dem Kind zuhause gelassen habe. Außerdem muss er wohl über das Maß hinaus geflirtet haben. Er habe sich gar nicht auf eine Diskussion mit seiner Frau eingelassen und sei gegangen. Seitdem herrsche „Funkstille". Ich war sehr überrascht, dass er mir all das erzählte, denn das war bisher nicht seine Art. Er nimmt sich vor, dieses Thema mit seiner Frau zu klären.

Hier hat der Pflanzenhelfer Geranium seine Rolle als Mediator hervorragend gespielt und mit Unterstützung von Water Violet den Wandel in der abwehrenden Haltung bewirkt. Das ist zunächst einmal ein schönes Ergebnis.

Patchouli

Im folgenden Beispiel ist wieder jemand im wahrsten Sinne des Wortes dem Schwindel der Phantome aufgesessen, die in seinem Kopf rastlos dahinjagende Gedanken bedrohlicher Art produzieren. Er zieht den Pflanzenhelfer, der regelrecht Experte für solche Zustände ist, und sichert sich auch noch Deckung durch die entsprechende Bachblüte.

Ein vielbeschäftigter Geschäftsmann, 43 J., kommt in die Praxis und klagt über massive akute Schwindelzustände und Schlaflosigkeit. Er sei deshalb heute nicht zur Arbeit gegangen. Er wolle einen Check-up von mir, da er Angst vor einem möglichen Schlaganfall habe. Er erzählt mir von seinem Stress auf der Arbeit und der ständigen Angst, nicht genug Aufträge für seine Firma an Land ziehen zu können. Er zieht die Pflanzenhelferkarte Patchouli und die Bachblütenkarte Cherry Plum. Patchouli ist hilfreich bei Unruhe und Unklarheit, indem es uns zu einer kraftvollen Körperwahrnehmung führt und derart unsere ständige Gedankenflut stoppt. Es ist voll und ganz auf Erdung und Vitalisierung eingestellt. Damit verkörpert Patchouli das Ideal, sich in der Welt der Dinge geborgen zu fühlen, und vermittelt Ur-Vertrauen. Die Bachblüte Cherry Plum ist die „Gelassenheitsblüte" unter den Bachblüten. Sie verhilft von der Überspannung zur Entspannung, wenn es einem schwerfällt, innerlich loszulassen und abzuschalten. Cherry Plum schenkt Gelassenheit in spannungsreichen Situationen und bringt stagnierte Energien wieder zum Fliessen. Wir geben ihm eine Schröpfmassage mit Patchouli und er bekommt von mir Cherry Plum in einer C 200. Der Schwindel ist noch in der Praxis verschwunden.

Wunderbar, wie die beiden Pflanzenenergien im Doppel das Problem an der Wurzel packen. Hier wurde offensichtlich wieder einmal sofort der innere Heiler aktiviert.

Ich finde es immer wieder phänomenal, wie die Intelligenz der Zellen die Situation auf den Punkt bringt.

Eukalyptus

Ja, der folgende Pflanzenhelfer holt das Feuer aus dem Prozess und legt dabei die inneren Sümpfe trocken. Feuer geht zum Feuer, Wasser zum Wasser und der Nebel verschwindet. Das stärkt in der Tat auch die Abwehrkräfte.

Eine Patientin, 35 J., kommt völlig abgespannt und gestresst in die Praxis. Sie ist seit einer Woche krankgeschrieben und möchte sich von meiner Kollegin massieren lassen, um einmal etwas „runterzukommen". Die Mutter der Patientin ist vor einiger Zeit an Leukämie erkrankt und liegt seit geraumer Zeit in der Klinik. Das Verhältnis zwischen Tochter und Mutter war schon immer sehr konfliktbelastet, da die Mutter noch sehr großen Einfluss auf das Leben ihrer Tochter nahm und sie regelrecht manipulierte und häufig auch negativ einstellte. Ich erlebte die Tochter stets äußerst verunsichert und wenig vertrauend in die eigene Meinung und Intuition. Ständig fragte sie mich um Rat. Die Mutter erpresse sie nun und wolle ständig Besuch und Aufmerksamkeit. Sie drohe sogar mit Selbstmord. Die junge Frau zieht in der Praxis den Pflanzenhelfer Eukalyptus. Das Motto von Eukalyptus ist: „Vom Nebel in die Klarheit." Eukalyptus lehrt uns Überlebensfähigkeit und öffnet den Blick in die Welt, wie sie wirklich ist, und hilft die Realität zu sehen. Emotionale Überhitzung stört, wenn ganz konkret Entscheidungen getroffen werden wollen. Eukalyptus klärt die Gedanken und kann in jeder Hinsicht zur Abwehr destruktiver Einflüsse und negativer Energien beitragen (in diesem Fall der negative Einfluss der Mutter). Ich war für die Information der gezogenen Karte sehr dankbar, denn ich wollte ihr ein Öl verabreichen, welches zunächst tonisierend wirkt, wie z.B. Rosmarin oder Bergamotte, um der Erschöpfung entgegenzuwirken. Doch erkannte ich nun, dass es oberste Priorität war, die überschießende Energie der Frau zu dämpfen und Ruhe in den Organismus zu bringen. In der folgenden Sitzung werden wir dann beginnen zu tonisieren.

Eukalyptus gehört zum Tor der Kraft, d. h. für diese Frau ist es eindeutig geboten, die Zügel zu ergreifen und die Führung in ihrem Leben selbst zu übernehmen. Dadurch wird es ihr möglich sein, alle Manipulationsversuche abzuwehren, ohne den Kontakt abzubrechen. Es geht offensichtlich darum, eigene Entscheidungen zu treffen und zu seiner eigenen Autorität zu stehen.

Zypresse

Am nächsten Beispiel ist interessant, wie das Thema der Unzuverlässigkeit und Überfüllung der Zeit mit Aktivitäten zutage tritt und auf das Tor des Lernens hinweist, wo Drang zur Fülle und dem „süßen Leben" stark dominieren kann. Wenn als Symptom auch noch eine mangelhafte Funktion des „Zuckerabbau-Organs" auftritt, dann spricht das schon eine deutliche Sprache.

Ein Geschäftsmann, 47 J., kommt in die Praxis, um eine Pankreasinsuffizienz von mir behandeln zu lassen. Er kommt wie eigentlich jedes Mal um einiges zu spät zu seinem Termin, da ihm irgendwie immer etwas dazwischen kommt, er überfordert ist oder er dachte, der Termin wäre zu einem anderem Zeitpunkt. Obwohl ich ihm den nächsten Termin immer ordentlich auf einen Terminzettel schreibe, ruft er immer wieder an und fragt nach, wann der nächste Termin sei. Trotz eines großen Arbeitspensums berichtet er mir immer wieder von stundenlangen Waldläufen am Wochenende. In der Praxis zieht er den Pflanzenhelfer Zypresse. Das Motto von Zypresse ist: „Entspannte Konzentration." Die Botschaft ist Mäßigung und Tugendhaftigkeit, Geduld und Gemütsruhe. Eine saturnische Botschaft der Begrenzung und Strenge geht von diesem Duft aus. Zypresse fördert die Konzentration auf das Wesentliche und schenkt heitere Gelassenheit. Weiterhin lehrt sie uns, das Leben ausgewogen einzurichten und Arbeit und Entspannung gleichmäßig zu dosieren. Ich konnte den Patienten bisher noch nicht zur Besserung bewegen, doch wenigstens hat er erkannt, dass ihm diese Art zu leben auf Dauer nicht gut tut.

Nun wird ein Pflanzenhelfer vom Tor der Ideale gezogen, das für das Tor des Lernens die Herausforderung darstellt. Die Botschaft der Zypresse ist dementsprechend eine „harte Nummer" für den Patienten, der mit Begrenzung und Strenge ja das größte Problem hat. Es wird für ihn offenbar eng werden, wenn er nicht wirklich „ans Eingemachte" rangeht.

Zedernholz

Das folgende Beispiel zeigt zum einen, wie das Thema, das dran ist, unerbittlich mit derselben Karte wiederholt gezogen wird. Dieses Phänomen wird von vielen Menschen übereinstimmend berichtet. Zum anderen ist die affirmative Unterstützung des Pflanzenhelfers in einer problematischen Situation besonders wertvoll.

Ich hatte im Herbst 2007 einen großen Vortrag auf einem Vitalfeldkongress vor ca. 200 Ärzten und Heilpraktikern. Der Vortrag ging 2,5 Std. und war eine Power-Point-Präsentation. Ich hatte bisher noch keine Erfahrungen mit Vorträgen gemacht und war dementsprechend die Tage davor sehr nervös und ängstlich. Außerdem kamen immer mehr Zweifel auf, ob die Qualität des Vortrags überhaupt angemessen sei. Des Öfteren fragte ich mich, wieso ich diese Aufgabe überhaupt übernommen hatte. Ich erlebte nun in den Tagen vor dem Vortrag ein Phänomen, das mich sehr bewegte und beeindruckte und die Begeisterung für die Arbeit mit den Pflanzenhelfern und den Karten noch verstärkte. Außerdem stärkte es noch mein Vertrauen in die „Intelligenz der Zellen". An den drei Tagen vor dem Vortrag zog ich jeweils die Pflanzenhelferkarte Zedernholz. Das Motto von Zedernholz lautet: "Schutz und Stärke sind da." Der warme und balsamische Duft bietet sich hilfreich an, um uns in unserer Bedürftigkeit zu schützen und uns Vertrauen zu uns selbst zu vermitteln. Das konnte ich in dieser Zeit sehr gebrauchen. Zedernduft stärkt unser Selbstvertrauen in schwierigen Lebenslagen und schenkt uns Entspannung bei Nervosität und Stress. Ich arbeitete somit in den Tagen vor dem Vortrag intensiv mit Zedernholz in der Aromalampe. Der Vortrag wurde so ein Erfolg, wie ich es nicht zu träumen gewagt hätte.

Ja, es ist wirklich Verlass auf die Führung der Pflanzenhelfer. In diesem Fall ist es das Tor der Großzügigkeit, das über Zedernholz den Willen Gottes ausdrückt, gerade dann darauf vertrauen zu dürfen, dass uns alles, was wir brauchen, im entscheidenden Moment und in vollem Umfang zur Verfügung steht.

Myrte

Jetzt folgt wieder ein wunderbarer Fall, der die absolute Stimmigkeit der Pflanzenhelfer-Thematik einmal mehr in aller Deutlichkeit belegt.

Die Myrte lehrt Geradlinigkeit am Tor der Kraft, um nicht dem Sog der Sünde zu verfallen. Nicht umsonst gilt sie mit ihren schneeweißen Blüten als Symbol jungfräulicher Reinheit. Das steht in herrlicher Polarität zum Thema des Patienten.

Ein Geschäftsmann, 59 J., kommt in die Praxis wegen Hüftgelenksschmerzen. Er schildert mir die Probleme, die er in seinem Beruf hat. Er ist leitender kaufmännischer Angestellter einer Restaurantkette in Familienbesitz. Leider, so berichtet er, gehen die Abrechnungen und Angestelltenbezahlungen nicht immer mit rechten Dingen zu. Ziel des Chefs ist es, so viel wie möglich an Schwarzgeld einzunehmen. Mein Patient ist nicht mehr gewillt, diese überholten Geschäftsstrategien fortzuführen, da er Angst vor einer möglichen Steuerprüfung hat. Als leitender Angestellter befürchtet er auch rechtliche Konsequenzen, die ihn betreffen könnten. Er zieht den Pflanzenhelfer Myrte. Das Motto von Myrte ist: „Eindeutig Position beziehen." Myrte zeigt uns in ihrem Duft, wie wir alte und verbrauchte Muster loslassen können. Sie führt uns durch Phasen der Transformation, klärt unseren Blick auf das Neue, damit wir zur Klarheit gelangen können. Dabei sollen die Gedanken nicht mehr von den materiellen Bedingungen dominiert und blockiert werden. Im Laufe der folgenden Termine schildert mir der Patient die positiven Veränderungen in seiner Firma. Der Chef ist bereit, in Zukunft alle Abrechnungen korrekt zu machen. Ich bin sicher, die Myrte hat bei meinem Patienten so viel Kraft generiert, dass er seine Forderungen durchsetzen konnte.

Ja, Reinheit im Denken muss Klarheit in der Handlung folgen, das ist die zwingende Logik am Tor der Kraft, in dessen Energiefeld die Myrte hier auf den Plan gerufen wurde, um eine eindeutige Haltung zu unterstützen.

Pfefferminze

Auch in diesem Beispiel ist das Tor der Kraft das Thema, wo der Pflanzenhelfer einhakt. Die Schattenpersönlichkeit an diesem Tor kann andere natürlich auch sehr drangsalieren.

Eine Patientin, 38 J., kommt in die Praxis wegen Schmerzen unter dem rechten Rippenbogen. Sie macht auf mich einen harten und groben Eindruck. Im Wartezimmer konnte ich schon vernehmen, auf welche Art und Weise sie mit ihrem kleinen Sohn umging. Ständig tadelte und kritisierte sie ihn. Der Junge machte einen sehr verstörten Eindruck. Im Sprechzimmer berichtet sie mir von ihren Familienproblemen und den Schulschwierigkeiten, die der Sohn habe. Auch die tägliche Routine frustriere sie sehr. Ihre Verdauung ließe sehr zu wünschen übrig und sie habe ständig Krämpfe. Sie zieht die Pflanzenhelferkarte Pfefferminze. Die stark anfeuernde Qualität von Pfefferminze ist überall dort nützlich, wo lösender Einfluss auf gebremste und blockierte Prozesse vonnöten ist. Sie vermittelt zwischen Kopf und Bauch, entspannt die Nerven und vitalisiert. Sie stärkt den Energiefluss in Leber und Galle, damit Stress und Ärger verarbeitet werden können. In der chinesischen Medizin sprechen wir in so einem Fall von einem stagnierenden Leber-Qi durch Ärger. Dies führt zu Schmerzen und krampfartigen Zuständen im Abdomen. Die Minze löst diese Blockaden und bringt das Qi wieder zum Fliessen. Als sie anschließend noch die Bachblütenkarte Holly zieht, wird alles klar. Holly ist die Blüte gegen Hartherzigkeit, Hass, Neid, Misstrauen und Eifersucht. Als ich der Patientin diese Thematik schildere und welchen energetischen Einfluss das auf ihre Befindlichkeit und ihre Bauchorgane habe, wirkt sie sehr nachdenklich und traurig. In den kommenden Sitzungen kann ich eine postive Öffnung der Patientin verzeichnen.

Es ist das Thema der unterdrückten Wut über die Unvollkommenheit des eigenen Lebens, das hier lautstark anklingt. Der Pflanzenhelfer Pfefferminze setzt ein deutliches Signal, damit das Thema wahrgenommen wird, und löst damit auch die Verkrampfung.

Sternanis

Oft sind es die „Schlüsselworte" im Text der Pflanzenhelfer, die urplötzlich eine Tür nach innen öffnen und mit absoluter Klarheit einen Aspekt hervortreten lassen, der bis zu diesem Moment irgendwie weggesperrt war. Nicht selten entpuppt sich dieser dann auch noch zum Kardinalthema. Derartige Erfahrungen habe ich schon sehr oft mit Sternanis gemacht, dessen Wirkspektrum von der hormonellen Funktion bis in feingeistige Dimensionen reicht. Das eigene Verhältnis dazu, wie es sich anfühlt, „gehalten" zu werden, steht hier auf dem Prüfstein. Kennt man dieses Gefühl überhaupt, vertraut man darauf oder stellt man es permanent in Frage?

Ein Patient, 51 J., kommt in die Praxis wegen akuter Herzrythmusstörungen und Herzstichen. Er könne sich nicht erklären, was die Ursache dafür sei, denn er habe im Moment keinen Stress oder irgendwelche belastenden Situationen. Da auch ich zunächst aufgrund der mangelnden Hinweise ratlos bin, lasse ich die „Intelligenz der Zellen" berichten und den Patienten die Karten ziehen, in der Hoffnung, dadurch eine Antwort und Lösung für das Problem zu bekommen. Er zieht die Pflanzenhelferkarte Sternanis und die Bachblütenkarte Aspen. Da wir keinen Ansatzpunkt haben, lese ich ihm einfach die Thematik von Sternanis und Aspen vor. Das Motto von Sternanis ist: „Sich vertrauensvoll fallen lassen." Es fehlt an Urvertrauen. Durch Sternanis kommen ungeklärte und unverarbeitete Gefühle hoch, wir können sie spüren, verarbeiten und loslassen. Sternanis lässt uns der starken Hand des Göttlichen vertrauen, denn wir werden tröstend aufgefangen und mütterlich-hilfreich versorgt und genährt. In diese schützende Atmosphäre können wir uns ganz hineingeben, um vertrauensvoll Gefühle der Angst oder Ungewissheit zu verarbeiten und sanft heilen zu lassen. Auch steht Sternanis für die Wahrnehmung feiner emotionaler Wechselwirkungen, es steigert die psychischen Kräfte und hat sogar die Tendenz, hellsichtig zu machen. In diesem Moment ist alles klar. Der Patient unterbricht mich, schweigt eine kurze Zeit und erzählt mir etwas, was er zuvor noch nie jemandem erzählt habe. Er habe schon seit Kindheit die Fähigkeit, gewisse Dinge oder Situationen vorherzusehen. Es würde ihn aber sehr verunsichern und verängstigen, da er glaube, nicht ganz normal zu sein. Er könne mit diesen Fähigkeiten nicht umgehen und versuche diese Gefühle und Eindrücke zu verdrängen. Im Moment sei es wieder sehr ausgeprägt. Aspen ist die „Ahnungsblüte" unter den Bachblüten. Sie verhilft von dunkler Vorahnung zu bewusster Sensibilität. Wenn man unerklärliche, vage Ängstlichkeiten, Vorahnungen oder eine heimliche Furcht vor irgendeinem drohenden Urteil hat, ist Aspen eine große Unterstützung. Sie schenkt bewusste Sensibilität und gibt das Gefühl, beschützt, zentriert und stark zu sein. Der Patient ist glücklich und erleichtert, endlich einmal mit jemandem darüber gesprochen zu haben. Ich gebe ihm 5 Tr. Aspen in einer C 200 und eine Fußreflexzonenmassage mit Sternanis. Schon in der nächsten Sitzung berichtet er, die Herzsensationen haben sich aufgelöst.

In diesem Beispiel zeigt sich wieder, welcher Stellenwert dem Bewusstsein im Zusammenhang mit Heilung zuzuordnen ist. Einer angstgesteuerten Mechanik wird, wenn sie als solche erkannt wird, ihr unseliger Einfluss entzogen. Sternanis über die Fußreflexzonen zu verabreichen, halte ich für eine geniale Lösung, den psychisch-seelischen Heilungsprozess zu unterstützen. *(Laien-Nachahmer Vorsicht: Nicht für Kinder und schwangere Frauen, nicht bei Endometriose, Prostatahyperplasie und östrogenabhängigen Kanzerosen; anetholreiche äth. Öle sollten nicht von Alkoholkranken verwendet werden, auch Erkrankungen der Leber und die Einnahme von Paracetamol gelten als Kontraindikation.)*

Edeltanne

Mit dem Atem lässt sich vieles lösen. Es ist ein intensiver Austausch auf der Informationsebene zwischen innen und außen. Wenn wir Angst haben, stockt uns der Atem und wir verlieren Kontakt mit unserem Herzen. Der Pflanzenhelfer Edeltanne fordert uns auf, tief durchzuatmen und alle Antriebsschwächen zu überwinden. Das folgende Beispiel trifft den Nagel auf den Kopf.

Eine Patientin, 63 J., kommt in die Praxis wegen depressiver Zustände und Antriebslosigkeit. Es gebe in ihrem Leben im Moment zu viele „Baustellen" und sie fühle sich ausgelaugt, überfordert und es sei einfach zu viel passiert in letzter Zeit. Jetzt habe sie noch zusätzlich großen Ärger mit einer Mieterin in ihrem Mehrparteienhaus. Diese Mieterin habe einfach schon seit drei Monaten die Miete nicht bezahlt. Es fällt mit auf, dass die Patientin starke Schwierigkeiten hat, tief durchzuatmen. Man kann förmlich die Verkrampfungen in ihrem Brustkorb spüren. Sie zieht die Pflanzenhelferkarte Edeltanne und die Bachblütenkarte Star of Bethlehem. Etwas auszuhalten, beständig bei sich und der inneren Lichtquelle zu bleiben und sich nicht von den Schatten irritieren zu lassen, ist eine große Qualität dieser Aromakraft. Mit ihrer Kraft empfangen wir das

Licht der Liebe, um uns den Gegebenheiten des Lebens stellen zu können. Edeltanne reinigt den inneren Tempel und erhellt unser Seelenleben, damit wir mutig voranschreiten können. Das ist besonders hilfreich, wenn wir das Gefühl haben, von allen Seiten bedroht zu sein, alles hätte sich gegen uns verschworen. Die Lichtenergie der Tanne weist solche dunklen Phantasmen in ihre Schranken, und neue Lebenskraft fließt in uns ein. Außerdem befreit Edeltanne die Atemwege. Die Bachblüte Star of Bethlehem ist die „Trostblüte" unter den Bachblüten. Sie federt unschöne, traumatische oder schockierende Erlebnisse der Vergangenheit ab, fördert die konstruktive Erlebnisverarbeitung und heilt diese seelischen Wunden.

Edeltanne und Star of Betlehem, das ist ja buchstäblich Weihnachten pur. Wer da nicht auf bessere Gedanken kommt und Freude im Herzen aufkeimen lässt, muss schon eine besonders harte Nuss sein!

Latschenkiefer

Die Pflanzenhelfer-Botschaften sind entweder ganz darauf ausgerichtet, den Patienten mit seiner grundsätzlichen Lebensproblematik in Kontakt zu bringen, oder sie signalisieren einen adäquaten Umgang mit der akut bestehenden Schwierigkeit. Im folgenden Fallbeispiel steht eindeutig Letzteres im Vordergrund.

Ein Patient, 63 J., kommt in die Praxis wegen Prostatavergrößerung und einem erhöhten PSA-Blutwert. Er war schon fünfmal bei mir in Behandlung und hat jetzt eine neue Blutuntersuchung beim Arzt machen lassen. Er berichtet mir vollkommen enttäuscht und niedergeschlagen, dass der PSA-Blutwert sich noch nicht verbessert habe. Er zieht die Pflanzenhelferkarte Latschenkiefer und die Bachblütenkarte Gentian. Das Motto von Latschenkiefer ist: „Im Spiel bleiben." Kiefer ist der Lichtsucher, der mit größter Zähigkeit am Leben hängt. Dabei ist ihm kein Boden zu karg, kein Klima zu rau und kein Umstand zu schlecht, um ihm nicht doch noch etwas Vergnügen abringen zu können. Diese Aromakraft propagiert in ihrer Botschaft von Flexibilität und Durchhaltevermöge den Reiz der Bewegung und Weiterentwicklung. Wenn es einmal eng für uns wird und der Weg steil, dann bringt sie Kraft und Lebensfreude ins Spiel. Gentian ist die „Glaubensblüte" unter den Bachblüten. Sie verhilft vom Zweifel zum Vertrauen. Wenn man skeptisch, zweifelnd, pessimistisch und leicht entmutigt reagiert, schenkt Gentian eine positive Erwartungshaltung und Gottvertrauen. Ihre Affirmation lautet: „Ich bin zuversichtlich, ich erwarte das Positive und ich glaube, dass sich alles fügt." Ich erkläre dem Patienten, dass er viel zu ungeduldig sei. Eine Prostatavergrösserung sei eine chronische Erkrankung, die einer längeren Behandlung bedarf, bis sich die Blutwerte verbessern oder normalisieren. Wir setzen die Behandlung fort.

Trost will dieser Pflanzenhelfer nicht spenden, sondern anregen, mit Hartnäckigkeit das Gute an der Sache zu sehen und sich von den Gegebenheiten, wie immer sie auch sein mögen, anspornen zu lassen.

So wie es am Tor des Lernens geschrieben steht: „Weisheit liegt in der Hingabe an den allumfassenden Plan", ist es ebenso eine passive, sich in Geduld übende Haltung, die es einzunehmen gilt. Sein Bestes zu geben und darauf vertrauen, dass der Lauf der Dinge seine Richtigkeit hat, ist eine wunderbare Ansage in einer solchen Lebenssituation.

All diese Fallbeispiele zeigen uns deutlich, mit welcher Präzision der Mensch in seiner persönlichen Situation über die Pflanzenhelfer erreichbar ist. Ein zweiter Blick auf die Qualitäten des Tores, für die der Pflanzenhelfer insbesondere steht, erweitert den Interpretationsrahmen noch einmal und öffnet die inneren Augen für das Wesentliche.

Ich wünsche uns allen weiter gute Erfahrungen und Lösungen durch die Nutzung dieser Karten! Ich weiß, dass die wesenhaften Kräfte hinter den Pflanzen uns Menschen sehr gerne helfen. Alles, was sie im Gegenzug von uns dafür erwarten, ist ein respektvoller, von Liebe getragener Umgang mit ihnen und dem Kosmos, dessen Kinder wir alle sind.

Die neun Tore

·1·
Tor der Ideale

Die innere Perfektion in allem, was ist

Ich beobachte kritisch, was auf mich zukommt.
Erst dann kann ich entscheiden, was richtig ist.

Wo brauche ich in meiner momentanen Lebenssituation einen klaren Blick? Möglicherweise muss ich wichtige Entscheidungen treffen oder meine grundsätzliche Ausrichtung überdenken. An diesem Tor gilt es, sich seine Ausgangsbasis in aller Ruhe vorzustellen und alle Aspekte so weit wie möglich mit dem inneren Blick zu erfassen. Wie sehen die konkreten Voraussetzungen aus, damit die gewünschte Entwicklung möglich wird? Sie sollten jeden Schritt genau abwägen und im Hinblick auf das anvisierte Ziel betrachten. Die Beschaffenheit des Pfades liegt im Brennpunkt des Interesses, und Sie müssen einen neutralen Ausgangspunkt finden. Im warmherzigen Umgang mit sich selbst liegt das nährende Prinzip. Es ist das unverzichtbare Mittel, ohne das kein Ziel zu erreichen ist. Sich selbst mit all seinen Stärken und Schwächen zu mögen, ist die beste Voraussetzung, um dem hohen Anspruch an sich selbst gerecht werden zu können. Die Aromapflanzen dieses Tores bieten uns ihre zuverlässige Führung an.

Leitsatz:

Die Bilder der Möglichkeiten des Lebens
nehme ich fühlend wahr.

Patchouli
Pogostemon patchouli

»Bodenhaftung und Präsenz«

*Dieses Aroma unterstützt unsere sinnliche Wahrnehmung.
Es hilft bei Unruhe und Unklarheit, indem es uns zu einer
kraftvollen Körperwahrnehmung führt und derart unsere
unablässige Gedankenflut stoppt. Im Kontakt mit der Erde
können wir die inneren Kraftquellen erschließen und zum
Fließen bringen. Es verkörpert das Ideal, sich in der Welt der
Dinge geborgen zu fühlen. Fester Boden unter den Füßen
ist die Grundlage, damit wir der Vision vom Lebensziel mit
echten Schritten folgen können.*

Am Tor der Ideale wird über die Erfahrung, sich in der Welt der Dinge geborgen zu fühlen, das Urvertrauen in die körperliche Präsenz aktiviert. Auf diesem Weg führt uns Patchouli in eine solide, zärtliche, erotische Sinnlichkeit als elementaren Bestandteil der Lebensreise.

Dunkel und erdig nach schwarz-fruchtbarem, gärendem Boden oder altem Kartoffelkeller duftet dieser Räucherstoff, der für tiefe Erdung steht, Kraft schenkt, Angst nimmt und gut in eine sinnliche Räuchermischung passt. Die Persönlichkeit dieses Pflanzengeistes lehrt uns, das Schwere und Erdverbundenheit zugleich etwas ganz Leichtes und Zartes sein können. Die Präsenz verleiht uns Flügel.

In der Aromatherapie findet der Duft des Patchouli-Krautes Anwendung bei Unruhe und Unklarheit, er weckt die Sinnlichkeit in uns und verkörpert die Hingabe an die kraftvolle Präsenz im Dasein, die dem ausufernden Gedankenfluss Grenzen setzt. Der Duft verbindet uns mit dem Erdpol und seinen vitalisierenden Kräften und schafft so den Ausgleich, wenn unser Energiefluss gestört ist. Depression und Konzentrationsschwäche können vor dieser Stärkung des Selbstvertrauens nicht bestehen.

In erster Linie wird Patchouli heute zur Gewinnung des ätherischen Öls angebaut, das weltweit für seine medizinische Heilwirkung bekannt ist. Antiseptisch und fiebersenkend wird es bei Insektenstichen und Schlangenbissen eingesetzt. Äußerlich angewendet dient Patchouliöl der Pflege trockener und reifer Haut. Entzündungshemmend, vitalisierend und kräftigend wirkt es auf den Organismus; beruhigend, ausgleichend und stimmungsaufhellend auf die Psyche.

Patchouli-Öl reift mit zunehmenden Alter nach. Je älter das Öl, desto besser seine Qualität. Als Parfümstoff erlebte

Patchouli seine Blütezeit im Frankreich des 19. Jahrhunderts, insbesondere aufgrund der aphrodisierenden Wirkung, die ihm zugeschrieben wurde. Eine sinnlich-erotische Ausstrahlung und enorme Fixierkraft machen diese Basisnote aber auch heute noch wichtig für die Parfümerie. In geringer Dosierung verleiht sie Duftkompositionen eine geheimnisvolle, aromatische Note.

Erhältlich als ätherisches Öl und Räucherstoff
Elementarkraft: Erde
Schwerpunkt: Körper

Rhododendron Himalaya
Rhododendron anthopogon

»Sich stark und fähig fühlen«

Geduld und Zähigkeit stehen im Zentrum dieser Duftbotschaft. Wer seelisch am Boden ist, dem wird hier ein Ausweg aus der Krise gezeigt. Wenn uns alles zu eng scheint, schafft dieser Duft Raum und öffnet den Blick über den Horizont hinaus. Er fordert Reinheit und Klarheit am Tor der Ideale. Wenn wir uns schwach und unterlegen fühlen, kann uns dieser Pflanzenhelfer Kraft und Selbstvertrauen schenken. Er regt den Geist an, eine klare Vision für den eigenen Weg zu finden.

Dieses Pflanzenwesen entspricht einem wesentlichen Aspekt am Tor der Ideale: Es gibt uns den Anstoß, mutig und tatkräftig ans Werk zu gehen und Hemmungen zu überwinden. Der Blick fliegt selbstbewusst und stark nach vorne in die Weite der Möglichkeiten, die vor uns liegen. Mit seiner seelischen Botschaft stärkt es uns zugleich den Rücken – anstatt phlegmatisch und antriebsschwach im Selbstmitleid zu schwelgen, treibt es uns an, überfällige Schritte zu ergreifen. Himalaya-Rhododendron bietet dem Suchenden an, ihn mit sanfter Hand aus der seelischen Schieflage zu ziehen.

Wenn scheinbar alle unsere Kräfte geschwunden sind, gibt uns dieser Duft das Selbstvertrauen zurück, jeder Forderung mutig zu begegnen. Er führt uns in unsere innere Kraft und wirkt sehr stärkend und anregend auf den Geist. So hilft er uns, zu einer Vision des eigenen Lebensweges zu finden, zu erkennen, was unsere Entwicklung noch hemmt, und uns mit einem Rundumschlag aus der Gebundenheit zu befreien.

Der Wohlgeruch dieser traditionsreichen Pflanze aus dem Königreich Nepal vermittelt uns einen sinnlichen Eindruck von der majestätischen Berglandschaft, in der sie gedeiht. Ausdauer und Überlebenswille in schwierigen Situationen machen demnach auch den Kern ihrer Botschaft aus. Wenn wir seelisch am Boden sind, hilft uns der Rhododendron, Krisen zu überwinden und leitet uns zum geraden Weg zurück. Wenn uns alles zu eng wird, schafft er Freiraum und lenkt unseren Blick auf das allumfassende Panorama.

Die Räucherung entfaltet ein kräftiges, harzig-warmes Aroma, zu Beginn ein wenig blumig, dann mit würzig bis holziger Note. Manchem mag es scheinen, dass sie eine irritierend starke Forderung nach Reinheit und Klarheit in den Raum stellt. Bei Bluthochdruck und Epilepsie sollte sie denn auch nicht verwendet werden.

In den Häusern der Tibeter und Nepali wird Rhododendron regelmäßig zur morgendlichen Reinigung geräuchert. Der Rauch soll Krankheiten vertreiben und mit der Götter- und Geisterwelt verbinden. Auch die altüberlieferte tibetische Medizin setzt auf die wärmende und stärkende therapeutische Wirkung dieser geschätzten Räucherpflanze. Es heißt, dass sie Herz und Kreislauf anregt, Vertrauen schenkt und gegen Verspannung wirkt. Schwächezuständen des Körpers und instabilen Gefühlslagen kann man mit diesem Pflanzengeist gleichermaßen begegnen, denn er erzeugt Wärme und Bewegung. Himalaya-Rhododendron stärkt auch das Immunsystem und die körpereigenen Abwehrkräfte.

Erhältlich als Räucherstoff
Elementarkraft: Feuer
Schwerpunkt: Körper

Sandarak
Tetraclinis articulata

»Klarheit des reinen Herzens«

Wenn wir unseren Zorn über die Unvollkommenheit der Welt unterdrücken, gibt es dicke Luft. Verspannungen und innere Abwehrhaltung lassen das Herz eng werden.
Im aromatischen Rauch von Sandarak wird alle Belastung verbrannt und damit ein entspannter Ausblick möglich.
Mühelos löst der Phönix aus der Asche alle Probleme, denn er hat die Schwelle überschritten und ist auf dem geraden Weg zum Ziel.

Sandarak ist ein guter Begleiter am Tor der Ideale. Er nimmt den Menschen an die Hand, der seinen Perfektionsanspruch sehr hoch hängt und mit der Unvollkommenheit der Welt hadert. Wenn dicke Luft herrscht, ist kein klarer Blick mehr möglich. Zorn macht das Herz eng für denjenigen, der ihn unterdrückt, und lässt die Luft knapp werden für den, auf den er sich richtet. Das ist das Dilemma für alle, die im »gerechten« Zorn eine bessere Welt schaffen wollen.

Der Rauch des Sandarak weist uns einen Ausweg. Warm und harzig mit samtig-frischem Unterton wirkt er stark entspannend über das vegetative Nervensystem und führt uns mit wohlig-besänftigender, aromatischer Überzeugungskraft zum Herzen, dem Ursprungsort der belastenden Gefühle. Dort können wir schmerzhafte Verluste der Vergangenheit annehmen und ihren krankmachenden Einfluss neutralisieren. Im Feuer der Hingabe, das nach innen brennt, verbinden wir uns mit dem Ganzen. So werden alle Hindernisse wie von selbst aus dem Weg geräumt und die Energie kann wieder frei fließen. Eine umfassend heilsame Erfahrung.

Mit Hilfe dieses Duftes können wir den Sinn des Leidens besser verstehen und somit Schmerz leichter integrieren. Die Urenergie des Feuerelements löst den Schmerz in der reinigenden Glut auf und gibt ihn an die Erde zurück. Wie Phönix aus der Asche wird er in der Sphäre des Geistigen licht und klar wiedergeboren, um den Menschen das wahre Wissen zu bringen.

Wenn Verspannungen und Verstopfungen auftreten, die aus einer kontinuierlichen Abwehrhaltung resultieren, kann uns dieser Räucherduft die erlösende Botschaft des Loslassens übermitteln. Zum Beispiel bei Schnupfen, Verdauungsstörungen und Katarrh.

Sandarak legt verschleimte Herde trocken, hält das Wasser im Körper und verbreitet Sauberkeit und Reinheit. In der nordafrikanischen Volksmedizin hat das Harz als krampflösendes Mittel bei schwierigen Geburten eine wichtige Position. Daraus lässt sich ein analoger Schluss zum Thema ziehen:

Wenn wir entspannt sind, kann die optimale Lösung zu uns finden. Sich von alten Themen zu lösen, indem wir eine Schwelle überschreiten und uns von der Belastung verabschieden, ist der Weg dorthin. Und der Weg ist in diesem Fall das Ziel. Die Hindernisse auf diesem Weg sollten Sie freudig in die Arme schließen, da sie oft die wirkliche Erfahrung erst möglich machen.

Erhältlich als Räucherstoff
Elementarkraft: Feuer
Schwerpunkt: Körper

Weißer Salbei
Salvia apiana

»Auf das Wesentliche schauen«

Im Wesen dieser aromatischen Kraftpflanze verbirgt sich eine Grundhaltung, die die Welt verbessern möchte.
Klar und eindeutig müssen alle Voraussetzungen sein, damit wir ein optimales Ergebnis erzielen können. Der Weiße Salbei ist ein strenger Lehrer und duldet nur das absolut Reine und Unbefleckte. Jeglicher Makel wird abgewaschen, um diesem hohen Anspruch zu genügen.

Der Kernsatz dieser Duftpflanze für das Tor der Ideale ist: Weise Entscheidungen werden in geistig-emotionaler Klarheit getroffen. Mit dieser Ausrichtung unterstützen Sie die indianische Kraftpflanze in ihrer Wirkung und sorgen für einen klaren Kurs.

Erhitzt durch Feuer, wird Wasser zum klärenden Dampf. Ernsthaftigkeit und ehrliches, uneigennütziges Engagement für das Gute und Reine prägen den Charakter dieser Pflanzenbotschaft. »Heil sein« als idealer Zustand wird durch ihren Duftimpuls kommuniziert. Der intensiv-aromatische Rauch kann sehr gut zur Reinigung von Objekten, Räumen und zur Einstimmung auf rituelle Körper- und Trancearbeit verwendet werden. Mit seiner ritterlich-heiligen Entschlossenheit ist der Weiße Salbei der luftige Pionier, den Sie voranschicken können, wenn Sie einen jungfräulichen Raum schaffen wollen, bar aller störenden Faktoren. Sei es, dass Sie eine neue Wohnung beziehen oder eine Örtlichkeit für ein wichtiges Zusammentreffen vorbereiten wollen – dieser aromatische Rauch wird die besten Voraussetzungen schaffen, damit etwas Neues entstehen kann!

Als rituelles Räuchermittel der Indianer hat der Weiße Salbei, auch als *White Sage* bekannt, eine wichtige Position. Eine starke, besänftigende Heilkraft entfaltet sich durch seine Räucherung. Das macht ihn zu einem hervorragenden Begleiter bei Gebet und Zeremonie, er bewahrt die friedliche Atmosphäre und die Verständigungsbereitschaft. Speziell in der Schwitzhütte wird er als reinigende Kraft eingesetzt. Sein Wesen ist kühlend, und so gilt er medizinisch als tonisierend, antiseptisch und fiebersenkend. Auch als beruhigender Tee kann man ihn aufbrühen, die Blätter schenken zerkaut reinen Atem. Gegen Asthma und Lungenbeschwerden stellen indianische Medizinleute auch Rauchmischungen mit diesem Salbei als Hauptkomponente her.

Weißer Salbei hat außerdem einen regulierenden Einfluss auf die Schweißdrüsen und hält das Wasser im Körper. Das Element Wasser wird dem Bereich des Emotionalen zugeordnet – über diesen Bereich wacht dieser Pflanzengeist und kontrolliert ihn, um Stabilität zu gewährleisten.

Erhältlich als Räucherstoff
Elementarkraft: Wasser
Schwerpunkt: Körper

Yerba Santa
Eriodictyon californicum

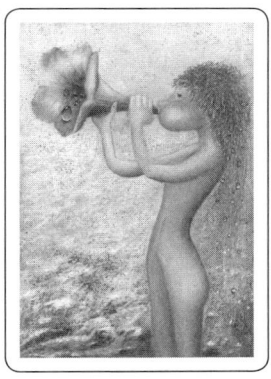

»Innere Verspannung lösen«

*Den heiligen inneren Raum hilft dieser Duft zu reinigen
und zu schützen. Das Heilige drückt sich im Unheiligen
aus, und indem die »Krankheit« spürbar wird, kann
sich Erfahrung bilden. Seelische Verletzungen verlieren
ihren destruktiven Einfluss, wenn wir sie in diesem Licht
betrachten. Am Tor der Ideale ist die Botschaft dieses Duftes
von großer Bedeutung:
Den wirklichen Weg zum Heil kann nur der finden,
der sich selber liebt.*

Yerba Santa, das »Heilige Kraut«, stellt den Kontakt zum inneren Selbst her. Der fröhlich prustende Troll, der mit Klang und Wasser spielt, hilft uns gern, den heiligen inneren Raum zu reinigen und zu schützen. Nichts muss vorgetäuscht werden: Er bringt nur das zum Ausdruck, was bereits da ist. Am Tor der Ideale ist diese Botschaft von großer Bedeutung. Den geraden Weg zur Vollendung können wir nur finden, wenn wir die Liebe mitnehmen. Nur wer sich selber liebt, kann Liebe weitergeben.

Rein und geweiht entfaltet sich der Wunsch des Lebens nach sich selbst ganz tief in unserem Innern und löst die Abwehrhaltung gegen mögliche Unvollkommenheiten. Es heißt, versteckte Ängste und die Folgen seelischer Verletzungen kämen durch Krankheiten über den Körper zum Ausdruck. Wenn wir diese Verletzungen überwinden, gewinnen wir neues Vertrauen, fühlen unsere innere Stärke und auch die Fähigkeit, uns zu öffnen. Darin liegt der Prozess des Reifens begründet.

Der Duft der Yerba Santa ist krautig und etwas harzig. Zähigkeit ist eine Qualität, die im Erscheinungsbild der Pflanze zum Ausdruck kommt, als lederne Komponente auch im Rauch mitschwingt und Ausdauer signalisiert. Yerba Santa eignet sich, um die durch Angst oder Aggression belastete Atmosphäre eines Raumes zu neutralisieren. Sie kann uns auch dabei helfen, Fehlverhalten, welches zu Krankheiten geführt hat, zu erkennen und besser auf uns zu achten.

Als ein ungewöhnliches Mitglied der Familie der Wasserblattgewächse, die normalerweise an kühlen, feuchten Orten wachsen und damit ihre Vorliebe zum Wasserelement ausdrücken, ist diese Pflanze im entgegengesetzten Sinne dem

Wasser zugeneigt: Sie schützt ihr inneres Wasser an trockenen Standorten vor der intensiv einstrahlenden Sonne, indem sie eine harzige Substanz ausscheidet. Das zeigt ihre Fähigkeit als Regulator des Wasserelements: Wenn der Mensch am Wasserelement leidet – was sich in seelischem Schmerz, Trauer, Depression und Verzweiflung ausdrückt –, kann dieses Ungleichgewicht in Herz, Lunge und Atmungsorganen spürbar werden. Der freie Fluss des »Ausatmens« ist dann oft behindert und das Herz wird eng. Yerba Santa befreit Lunge und Herz von der aufgestauten emotionalen Energie. Dass Yerba Santa auch schleimlösend und entkrampfend wirkt und den Fluss der Körperflüssigkeiten anregt, verweist auf die Verbindung zum Wässrig-Emotionalen.

Yerba Santa bedeutet »Heiliges Kraut«. Die Indianer kannten seine heilende Wirkung als Räucherung bei Erkältungen, Rheuma, Asthma und Lungenentzündung. Für Heilungszeremonien und am Krankenbett lässt sich Yerba Santa wunderbar verwenden. Die Blätter können zerstoßen auf schmerzende Stellen gelegt oder gerieben als Badezusatz in Dampfbädern oder als Kräutertee verwendet werden.

Die weißlich-blauen oder lilafarbenen Blüten weisen mit ihrer röhrenförmigen Gestalt auf einen ausgeprägten spirituellen Bezug und eine Verbindung zu den tiefen Schichten der Seele hin. In der kalifornischen Blütentherapie werden sie verwendet, um Selbstliebe zu fördern, die den inneren Reifeprozess voranbringt.

Yerba Santa sollten Sie immer mit großem Respekt verwenden.

Erhältlich als Räucherstoff
Elementarkraft: Luft
Schwerpunkt: Körper

Zimt
Cinnamomum cassia

»Aus der Enge treten«

*Ein weites Herz kann verzeihen und loslassen. Das
ist der wahre Weg, um inneren Frieden zu finden. So
wirkt dieser Duft geistig-seelischer Erstarrung entgegen
und steigert die Kreativität. Wir dürfen unsere Träume
träumen, auf dass unsere Selbstsicherheit im Alltag wächst.
Der Duft verbindet uns mit den Kräften der Sonne und
hilft uns, unsere Bestimmung im Leben zu finden. Stress
und Ängste eliminiert der Cassiazimt, und er steigert
unser Lustempfinden. Am Tor der Ideale macht diese
Pflanzenpersönlichkeit uns offen und empfindsam, damit
wir uns selbst so annehmen, wie wir sind.*

Für das Tor der Ideale bearbeitet diese Pflanzenpersönlichkeit das emotionale Feld, um einer allzu rigiden Haltung vorzubeugen. Sanft nimmt sie uns bei der Hand und führt uns hin zu Empfindsamkeit und Öffnung. So kann sie uns aus einem Zustand der Erstarrung erlösen und ermöglicht es uns, die selbst auferlegten Grenzen zu überschreiten und uns so anzunehmen, wie wir wirklich sind. Das schafft Selbstvertrauen und öffnet den Blick für die Perfektion, die allem Leben innewohnt.

Das Herz geht uns auf bei diesem Duft, und so ist er besonders gut geeignet als unterstützende Kraft, wenn es ums Verzeihen und Loslassen geht, um zu innerem Frieden zu finden, Abschied zu nehmen und Gefühle der Trauer zu bewältigen. Unter seinem Einfluss entsteht eine Atmosphäre der Ruhe und Zentrierung. Als Herznote schenkt Cassiazimt jedoch gleichzeitig emotionale Wärme und Geborgenheit, regt den Phantasiefluss an, löst Verhärtungen und hilft, Vergangenheitskonflikte zu bewältigen.

Cassiazimt wirkt geistig-seelischer Erstarrung entgegen und steigert die Kreativität. Wir dürfen unsere Träume träumen, und unsere Selbstsicherheit im Alltag wächst. Sein Duft verbindet uns mit den Kräften der Sonne, damit wir unsere Bestimmung im Leben leichter finden können. Stress und Ängste weichen, das Lustempfinden steigt und wie ein wohliger kleiner Troll räkeln wir uns im Sonnenschein, der durch die Blätter dringt, und öffnen uns für das Gute, was von oben kommt.

Der angenehm aromatisch-würzige und süß-holzige Duft verbreitet geräuchert wohlige Wärme. Er eignet sich sehr gut für festliche oder sinnliche Mischungen. Die Räucherwirkung öffnet das Herz, vermittelt Entspannung und Ruhe.

In der Medizin ist Zimt als Helfer bekannt, der die Verdauung anregt und Krämpfe in Entspannung auflöst. Zimtduft wirkt immer nervenstärkend, er harmonisiert Körper und Geist und öffnet uns den Zugang zu blockierter sinnlicher Wahrnehmung.

Der Charakter des ätherischen Öls mit den hautaggressiven Eigenschaften des Zimtaldehyd ist »heiß« – Vorsicht deshalb bei Rezepturen mit einem hohen Anteil dieses Öls, vom Gebrauch auf der Haut ist dann abzuraten.

Erhältlich als ätherisches Öl und Räucherstoff
Elementarkraft: Feuer
Schwerpunkt: Gefühl

Zypresse
Cupressus sempervirens

»Entspannte Konzentration«

Eine Botschaft der Begrenzung und Strenge geht von diesem Pflanzengeist aus. Er steht für die Unsterblichkeit der Seele. Seine Botschaft der Mäßigung und Tugend am Tor der Ideale rät uns, unsere Schritte in der existenziellen Wirklichkeit im Hinblick auf ein höheres Ziel gründlich abzuwägen und achtsam zu setzen.

Der spirituelle Archetyp der Zypresse gleicht einem alten Mann mit aristokratischem Erscheinungsbild, der die Weisheit von tausend Jahren intensiv und diszipliniert gelebten Lebens ausstrahlt. Er steht für die Unsterblichkeit der Seele. Seine Botschaft ist Mäßigung und Tugendhaftigkeit, Geduld und Gemütsruhe. Als Führer am Tor der Ideale hilft er uns, unter Ausrichtung auf ein höheres Ziel geduldig daran zu arbeiten, Ideen in Taten umzusetzen und Träume in Realität zu verwandeln.

Die klassische Zypresse ist eine aufrechte, konisch geformte immergrüne Baumgestalt, die in den Mythen der Ägypter und Römer mit dem Jenseits in Verbindung gebracht wurde. An den Wurzeln einer weißen Zypresse entspringt die Lethe, der Fluss des Vergessens in der Unterwelt des griechischen Mythos. Laut Ovid geht der Name auf den Knaben Kyparissos zurück, einen Liebling Apollos, der einen den Nymphen heiligen Hirsch reiten konnte und diesen versehentlich auf der Jagd mit seinem Speer tötete. Da er diesen Verlust auf ewig betrauern wollte, gestatteten ihm die Götter, sich in einen Zypressenbaum zu verwandeln.

Als Symbol der Ewigkeit und Unsterblichkeit erinnert die Zypresse uns daran, dass der Tod nicht das Ende des Lebens bedeutet. Allgemein ist sie als Trauerbaum bekannt und wird bei Gräbern gepflanzt. Sie strahlt eine saturnische Botschaft der Begrenzung und Strenge aus. Mit seiner noblen Erscheinung ist dieser hocharomatische Baum eine ruhige, aber eindrucksstarke Persönlichkeit, die sich in der Basisnote seines ätherischen Öls spiegelt.

Der Duft des Öls ist rauchig, warm-würzig bis ambraartig-balsamisch mit einer rätselhaften Süße im Hintergrund. Die zusammenziehende und desodorierende Wirkung ist

Ausdruck der Kontrolle über Prozesse des Zerfalls und der ausufernden Ausdehnung. Die Zypresse vermag nervöse Spannungen zu lösen, Traurigkeit zu lindern und die Konzentration auf das Wesentliche zu fördern. Sie hilft Menschen, denen z. B. nach dem Verlust eines geliebten Menschen oder nach Beendigung einer Partnerschaft die heitere Gelassenheit abhanden gekommen ist, oder denen diese Qualität völlig fehlt. So kann Zypressenduft uns eine große Hilfe in den Krisenzeiten des Lebens sein. Der alte weise Baum lehrt uns, das Leben zu nehmen, wie es kommt, und unter allen Umständen heiter, zufrieden und voller Optimismus zu bleiben, denn diese Lebenseinstellung hält lange jung. Dafür sollten wir unser Leben ausgewogen einrichten, Arbeit und Vergnügen mit wacher Intelligenz gleichmäßig dosieren.

Die Zypresse gehört zu den am längsten bekannten medizinischen Pflanzen. Sie wird bereits in einer assyrischen Schrift aus dem 15. Jahrhundert vor Christus sowie in vielen antiken Arzneibüchern der Ägypter und Griechen erwähnt. Die Perser sahen die Zypresse als ein Symbol des »reinen Lichts« und feierten sie mit Feuerritualen.

Erhältlich als ätherisches Öl und Räucherstoff
Elementarkraft: Feuer
Schwerpunkt: Körper

·2·
Tor der Großzügigkeit

Der göttliche Wille sorgt für alles

Ich spüre die Bedürfnisse meines Gegenübers
und widme mich gern dem guten Zweck.

Selber alles durch Zuwendung kontrollieren zu wollen, führt zum Verlust der eigenen Freiheit. Wenn Sie einmal die Initiative ergriffen haben, dürfen Sie sich getrost darauf verlassen, dass das bestmögliche Ergebnis eintreten wird. Das Prinzip des Loslassens, und wie die dadurch freigesetzte Energie ihre Wirkungskraft entfaltet, kommt am besten im Bild des Bogenschützen zum Ausdruck. In dem Moment, wo der Bogen gespannt und das Ziel anvisiert wurde, wird der Pfeil durch Entspannung und Loslassen auf den Weg gebracht. Das ist die Botschaft an diesem Tor. Sich bewusst der Großzügigkeit und Fürsorge des göttlichen Willens überlassen zu dürfen, ist ein großes Geschenk an den Menschen. Die Pflanzenstoffe an dieser Stelle werden Ihnen helfen, gefühlsmäßig mit sich selbst ins Reine zu kommen, um so in einen wahrhaft unabhängigen Austausch mit anderen Menschen treten zu können.

Leitsatz:

Es dient dem Leben, wenn Nehmen und Geben in der Zuwendung verschmilzt.

Benzoe Siam
Styrax tonkinensis

»Balsam für die wunde Seele«

*Dieses Duftwesen fordert dazu auf, dem verführerischen
Element in sich bereitwillig Raum zu geben und es
sinnlich auszuleben. Am Tor der Großzügigkeit gibt es alle
Voraussetzungen dafür, mitsamt eines atmosphärischen
Rahmens, der keine Wünsche offen lässt. Balsamisch liebkost
eine Symphonie aus Vanille und Schokoladenträumen unsere
Sinne – jeglicher Widerstand schmilzt dahin.*

Wie ein Schutzmantel legt sich der Duft der Benzoe balsamisch um die Seele. In dieser hilfreichen Qualität ist unschwer die Verbindung zum Tor der Großzügigkeit zu erkennen, wo uns Schutz und Hilfe in allen schwierigen Lebenslagen geboten werden sowie die Möglichkeit, uns vertrauensvoll in die tragenden Arme des Kosmos fallen zu lassen. Sensibel und kraftvoll zugleich lehrt diese Pflanze uns die Hingabe an den Willen des Göttlichen. Auch Ärger und Wut verfliegen, ohne dass diesen Regungen ihre Daseinsberechtigung abgesprochen werden würde.

Auf sanfte Weise können wir Heilung für unsere Gefühle erfahren, wenn die spirituelle Kraft dieser herb-süßen Aromapflanze sich der wunden Seele des Wanderers durch das Tal der Tränen wie ein Balsam zur Verfügung stellt.

Die innere Ruhe, die wir aus diesem Einfluss ziehen können, ist eine sehr gute Voraussetzung für Meditation und spirituelle Erfahrung im Kontakt mit der eigenen Intuition. Benzoe erlaubt uns, sicher, geborgen und vor äußerer Störung behütet die Tür zum inneren Tempel zu öffnen und die Fragen zu stellen, die uns bewegen. Innere Bilder werden als Wegweiser nicht lange auf sich warten lassen. Wir verspüren ungeahnte Leichtigkeit, denn Benzoe verleiht der Seele Flügel.

Die sinnlich-verführerische Qualität der Benzoe verleiht ihr aphrodisische Kraft für lustvolle Räucheranlässe. Sie verbreitet mit ihrem feinen, entfernt an Vanille und Schokolade erinnernden Aroma eine sehr geschützte positive Atmosphäre. Überreizte Nerven und gestresste Gefühle umhüllt sie sanft und führt sie zur Entspannung. So ist sie auch ein gutes Mittel, um in traurigen Stimmungen, die von seelischen Verletzungen herrühren, Trost und inneren Frieden zu finden.

Auch eine entgiftende Wirkung wird dem Benzoeharz nachgesagt. Hier dürfen wir ganz bestimmt einen Bezug zu den emotionalen Giften sehen, die unseren Vorstellungen von Schwäche und Verletzbarkeit wie Dämonen entspringen und uns zuweilen erheblich terrorisieren können. Diese Dämonen werden von Benzoe machtvoll vertrieben.

In Asien ist Benzoe einer der wichtigsten Räucherstoffe überhaupt und in fast allen Räucherstäbchen enthalten, bei den Ägyptern galt sie als wertvoller Zusatz für Salben, Parfüm und Räucherwerk. Medizinisch wurde sie zumeist in Form einer Tinktur zur Wundbehandlung (Wundbalsam) äußerlich angewendet. Verspannungen aller Art, sei es muskulär auf der Körperebene oder emotional in Form von Ängsten, löst dieses Harz gleichermaßen.

Erhältlich als ätherisches Öl und Räucherstoff
Elementarkraft: Wasser
Schwerpunkt: Gefühl

Kakaoschale
Theobroma cacao L.

»Erheitert und getröstet werden«

*Die Extravaganz des Helfenden und Angenehmen kommt
in der Kakaoschale zu einem feinsinnigen Extrem. Das
Wesen ihres Duftes ist offensichtlich und dennoch in seinem
Ausdruck so unterschwellig, dass wir ihn nicht sofort
identifizieren können, obwohl wir ihn alle kennen. Der
Papagei ist das Symbol dieses Gewächses, er verkörpert
zugleich absolute Lebensfreude und äußerste Sensibilität.*

Der Bezug zum Tor der Großzügigkeit liegt auf der Hand: Das in diesem Duft verborgene Gefühl des »Gut-aufgehoben-Seins« – das wir nicht als manipulativ erleben – steht für die feine, allgegenwärtig unterstützende Energie unserer Mutter Erde. Immer steht uns der Impuls zur Verfügung, Lebensfreude zu erfahren und uns auf die zutiefst schöpferische Ausrichtung des Kosmos verlassen zu dürfen. So werden wir aufgerichtet und getröstet, dürfen uns in unserem Wesen angenommen fühlen und mit uns selbst eins werden und verschmelzen. Das ist die Voraussetzung für inneren Frieden.

Die Schalen der Bohnen eignen sich besonders gut zum Räuchern, vor allem auch für Liebesräucherungen. Entfernt an gebrühten Kakao erinnernd, entfaltet sich ihr Räucherduft warm und verlockend. Er sendet eine dezente, appetitliche Sinnlichkeit in die Atmosphäre, die als unterschwellig verlockender Reiz auftritt. Hier ist Testriechen besonders spannend! Fast immer wird der Duft zwar als bekannt und angenehm erlebt, kann aber nicht eindeutig zugeordnet werden. Wird die Identität dann enthüllt, ist der Dufteindruck offensichtlich und das Erstaunen umso größer.

Bereits Azteken und Mayas kultivierten ihn als heiligen Baum und schätzten seine Früchte (»Speise der Götter«) als ein Mittel, das die Lebensfreude zu steigern vermochte. Kosmologisch war für sie der Papagei mit dem Kakaobaum verbunden. Das fröhliche, gesellige Wesen dieser Vogelart ist die perfekte Verkörperung der Lust am Leben, die auch diese Pflanzenpersönlichkeit mit ihrer Üppigkeit kennzeichnet. Die Azteken waren es auch, die aus den zerstampften Kakaobohnen (»cacahuatl«) zuerst ein wohlschmeckendes schäumendes Getränk bereiteten, oder sie mit Zimt, Honig und Vanille zu einer Paste namens »chocolatl« vermischten. Indianer des Regenwalds räuchern in rituellen Zusammenhängen noch heute zeremoniell mit Kakaobohnen und benutzen sie regelrecht als Weihrauch.

In Europa – wo er seit etwa vier Jahrhunderten bekannt ist – galt der Kakao hingegen vorübergehend sogar einmal als illegale Droge. Heute ist er als Grundstoff der Schokoladeherstellung nicht mehr vom Markt wegzudenken. Seine anregende Wirkung beruht in erster Linie auf Theobromin, einem dem Koffein nah verwandtem Alkaloid. Durch einen geringen Anteil Koffein wirkt er zusätzlich anregend, wobei er insbesondere auf die Psyche Einfluss zu nehmen scheint (Schokoladensucht).

Erhältlich als Räucherstoff
Elementarkraft: Wasser
Schwerpunkt: Gefühl

Myrrhe
Commiphora abyssinica

»Fruchtbarkeit und Reinheit«

Körper, Geist und Seele verschmelzen in diesem Duft zu einer Einheit. Schuld und Sühne, das Bittere und Süße in enger Umarmung, finden in ihm ihren Ausdruck. Sind Sie bereit, sich selbst zum Opfer zu bringen? Myrrhe lehrt uns, uns in Demut und Liebe dem Leben hinzugeben. Das Wechselspiel von Geben und Nehmen wird ausgeglichen, wenn der Pulsschlag der Schöpfung unser Herz mit dem tiefen Sinn des Daseins füllt.

Am Tor der Großzügigkeit sind Opferbereitschaft und Aufopferung große Themen. Die engelsgleiche Lichtgestalt lädt uns sachte, aber bestimmt ein, uns in Demut und Liebe dem Leben hinzugeben und alle Zuwendung dankbar anzunehmen. Geben und Nehmen werden ausgeglichen, wenn Sie eins werden mit dem Pulsschlag der Schöpfung und in der Fülle Ihres Herzens den tiefen Sinn des Daseins spüren.

Um dieses berühmte Harz, das schon in der Bibel vielfach erwähnt wird und oft das Geschenk weiser Männer war, ranken sich mythologische Geschichten aller Art. Sie handeln einerseits von der Manipulation und Verführung durch das weiblichen Geschlecht, und andererseits von Leiden und Erlösung. So verzauberte Aphrodite die Königstochter Myrrha, woraufhin sie ihren Vater verführte und schwanger wurde. Verfolgt von ihrem wütenden Erzeuger, flehte Myrrha um den Schutz der Götter und wurde in einen Baum verwandelt. Ihre Tränen traten als Myrrhenharz aus der Rinde – nach neun Monaten brach der Stamm auf und Adonis wurde geboren.

Die geheimnisvoll-sinnliche Anziehungskraft ihres Duftes verlockt unser Herz, sich ganz fallen zu lassen. Durch ihre leicht narkotisierende Wirkung kann die Myrrhe zwar schmerzlindernd wirken, aber ihr großes Ziel heißt, durch Leiden zu sich selbst zurück zu finden. Darin können wir das Christusthema erkennen. Aufgrund ihrer starken Heilkräfte wurde sie oft als Sinnbild für den menschlichen Teil Jesu gesehen, der das Leid auf sich nahm, um die Menschheit davon zu befreien. Schuld und Sühne, das Bittere und Süße in enger Umarmung, kommen in diesem Duft zum Tragen.

Im »Harz der alten Göttinnen« kommt außerdem die Sinnlichkeit erdhafter Weiblichkeit zum Ausdruck. Der erdig-bitter-süße Duft garantiert Bodenhaftung. Weil der Rauch eine starke antiseptische Wirkung hat, *badeten* die orientalischen Frauen regelrecht in ihm. Seine betäubende, austrocknende und zusammenziehende Kraft widersetzt sich Fäulnisprozessen und jeglichem Zerfall. Myrrhe wird als *verjüngend* für Körper und Geist bezeichnet und wirkt auch aufbauend im feinstofflichen Körper des Menschen.

Ebenso kann sie auch wertvolle materielle Substanzen vor dem Verfall bewahren: Die Römer räucherten ihre Weinfässer mit Myrrhe aus, damit der später darin reifende Wein eine besonders lange Lebensdauer erreichen konnte. Dies entspricht dem Wunsch, genug Zeit geschenkt zu bekommen, um spirituelle Vollendung zu erlangen. Den Wein können wir als Sinnbild für die Seele im Gefäß des menschlichen Körpers betrachten. Körper, Geist und Seele zu einer Einheit zusammenzuführen, das ist die große Aufgabe dieser Pflanzenpersönlichkeit.

Zu den herausragenden medizinischen und kosmetischen Qualität des Myrrhenharzes gehört es, Wunden zu heilen, die Bildung neuen Gewebes zu unterstützen, die Haut mit Feuchtigkeit zu versorgen und die Nägel zu festigen. Myrrhe schützt vor der austrocknenden Kraft des Feuers und schmilzt nicht wie andere Gummiharze beim Verräuchern, sondern verkohlt.

Erhältlich als Ätherisches Öl und Räucherstoff
Elementarkraft: Erde
Schwerpunkt: Gefühl

Piñon-Pine
Pinus pinaster

»Kraft zum Durchhalten«

In diesem Duft wohnen Standhaftigkeit und Durchhaltevermögen, aber auch die Sehnsucht nach extremen Bedingungen, um die eigene Individualität in bizarrer Gestalt frei ausleben zu können. Ein zartsüßer Fingerzeig, wie Sie in schwierigen Situationen Halt finden und das existenzielle Drama durchstehen können. Der wunderschöne sanfte Duft erscheint als großzügiger Spender und Mittler der Schönheit irdischen Lebens.

Der süße Duft der Piñon-Pine erzählt von der warmen Wüstennacht in der Mesa und dem Canyonland im Südwesten Nordamerikas. Das Erscheinungsbild dieser Pflanzengestalt der Hochwüsten ist bemerkenswert. Karge Böden oder gefährliche Geröllfelder halten sie nicht davon ab, sich dort anzusiedeln. Sie bevorzugen sogar unwirtliche Gefilde, um ihren Raum unbeschränkt von etwaigen nachbarschaftlichen Ansprüchen einnehmen zu können. So schwingt in ihrem Duft auch die Aufforderung, Freiheit und Individualität auszuleben. Es spiegelt sich darin die Fähigkeit, in schwierigen Lebenssituationen Halt zu finden und das Überleben zu sichern. Hier liegt auch der wunderbare Bezug zum Tor der Großzügigkeit:

Der hungrige Wanderer trifft in der Wildnis auf einen wunderschönen sanften Baum mit extrem langen, weichen Nadeln, an dessen Fuß unzählige ungewöhnlich große Zapfen liegen. Sie sind offen und üppige Mengen nussartiger Samen mit göttlich schmeckenden, nahrhaften Kernen lassen sich mühelos zwischen den handfesten Schuppenblättern herausfischen und aufbrechen. Der süße Kern dieses Baumes mit seiner nährenden Kraft wird dem Wanderer zum wohligen Mahl geschenkt. So erscheint dieser Baum als großzügiger Retter in der Not. Das ist ein wahrer Grund, um dankbar zu sein und auf die Großzügigkeit des Kosmos zu vertrauen.

Dieser schlanke, doch mächtige Baum verkörpert mit seinen großen Zapfen mit nussigen Samenkernen beispielhaft das nährende Prinzip. Die reinigende Kraft des Räucherdufts der Nadeln ist im ersten Stadium von so frischer Klarheit und zugleich aromatischer Süße, dass Ihnen das Herz aufgehen wird. In der zweiten Phase duftet es sehr appetitlich nach gerösteten Nüssen und wird sinnlich. Ein hilfreicher Geist verschenkt sich harmonisierend und aufbauend im Dienst am Leben. Aber auch Trauer kann dieses Pflanzenwesen transportieren: Die Navajos bringen sein Pech unter die Augen und auf die Stirn auf, wenn sie den Tod nahe stehender Menschen beklagen.

Für die Indianer ist dieser Baum eine Kraftpflanze, die ebenso als Nahrungsquelle dient wie auch als Bau- und Feuerholz, Färbemittel und Medizin. In der Tiefe des Organismus versteckte Unreinheiten können durch Räucherung seiner Nadeln herausbefördert werden, daher ist er gut geeignet bei Verschleimung der Atmungsorgane und als Medizin zum Wiedererstarken nach fiebrigen Erkältungskrankheiten.

Erhältlich als Räucherstoff
Elementarkraft: Luft
Schwerpunkt: Gefühl

Sternanis
Illicum verum

»Sich vertrauensvoll fallen lassen«

Dieser Duft führt uns in die Arme der Mutter zurück. Es ist eine Botschaft, die mitten ins Herz greift. Hier ist das Urvertrauen, vom Anderen getragen zu werden, vorhanden. Oder wir erkennen, dass es uns an diesem Vertrauen fehlt. Mit einer umfassenden aromatischen Geste der Fürsorge wird unser inneres Kind genährt. Unverarbeitete Gefühle kommen hoch, und wir können sie spüren, verarbeiten und loslassen.

Die Form des Sternanis weist diese Pflanze als »Augenstern« aus – über den Duft greift der Impuls mitten ins Herz. Dort will das Kind von der Ur-Mutter getragen sein, und wir können mit Verlustangst und anderen alten Themen aufräumen. In dieser Hinsicht haben wir es mit einem ausgezeichneten Führer an der Schwelle zum Tor der Großzügigkeit zu tun. Denn in der Angst, verstoßen zu werden, liegt das mächtigste Hindernis an diesem Tor. Dem begegnet diese stille Pflanzefee mit einer umfassenden Geste der Fürsorge. Sie erlaubt es unserer bedürftigen Unsicherheit durchzuatmen, der starken Hand des Göttlichen zu vertrauen und sich ganz fallen zu lassen. Lindernd und tröstend werden wir aufgefangen und mütterlich-hilfreich versorgt und genährt. So können wir aufgestaute Emotionen spüren, verarbeiten und loslassen.

Der Duft des Sternanis umhüllt uns mit seiner ganzen Intensität, nimmt uns vollkommen in Anspruch, bietet gleichwohl eine Schulter zum Anlehnen und ein offenes Ohr. In diese schützende und tröstende Atmosphäre können wir uns ganz hineingeben, um vertrauensvoll Gefühle der Angst und Verlassenheit zu verarbeiten und sanft heilen zu lassen. Ein weiterer Hinweis auf die »mütterliche Kraft« dieser Pflanze ist die milchbildende Wirkung bei Frauen, die die Essenz des Sternanis auf der körperlichen Ebene hat. Es ist faszinierend, mit welcher Deutlichkeit das frühkindliche Mutterbild durch diesen Dufteindruck heraufbeschworen wird. Empfinden wir diesen Duft als unangenehm, weist das darauf hin, dass in diesem Bereich noch etwas ungelöst ist.

Der Rauch mutet mit seinem fein-würzigen Anisaroma feierlich an. Mit der Räucherung können wir die Luft von atmosphärischen Verunreinigungen befreien und sorgen für eine geschützte, harmonische Schwingung im Raum. Sich von verbrauchten Stoffen und überfälligen Belastungen trennen zu können, ist Teil seiner guten Botschaft. Sternanis entgiftet das Gefühlsleben! Auch die Sensibilität für die Wahrnehmung feiner emotionaler Wechselwirkungen steigt merklich an. Im westlichen Okkultismus schreibt man der Räucherung eine Steigerung psychischer Kräfte zu (Planet Jupiter) und sogar die Tendenz, hellsichtig machen zu können. Der Duft soll auch aphrodisierend und harmonisierend auf das Nervensystem wirken. Die beruhigende Wirkung auf Körper, Geist und Seele macht ihn zu einem guten Begleiter in der Meditation. Eine Überdosierung sollte jedoch vermieden werden, da sich bei starkem Gebrauch leicht narkotische Auswirkungen einstellen können.

Sternanis ist ein traditioneller Räucherstoff, der in sehr vielen asiatischen, vor allem japanischen Räucherwerkszubereitungen enthalten ist.

Über die Verwendung als Arzneipflanze berichteten bereits Plinius und Dioskurides, als ein erwärmendes, austrocknendes und das Atmen erleichternde Heilmittel sowie als Gegenmittel gegen alle Gifte. Medizinisch gilt Sternanis als schmerzstillend und als schleimlösend bei Husten. Er hilft auch bei Magenkrämpfen und ist z. B. in der indischen Küche zur Abhilfe bei schlechtem Atem bekannt.

Erhältlich als ätherisches Öl, Räucherstoff
Elementarkraft: Wasser
Schwerpunkt: Gefühl

Vanille
Vanilla planifolia

»Alle Wünsche werden erfüllt«

Die ausgeprägte Herznote, einschmeichelnd wie kein anderer Duft, stimmt leicht und fröhlich und lockt verführerisch, von der süßen Seite des Lebens zu naschen. Alle Entbehrungen schwinden dahin. Das innere Kind wird zärtlich in den Arm genommen.
Genuss ohne Reue und Forderung scheint unter dem Einfluss dieses aromatischen Zaubers möglich, weil es ein Geschenk ist, für das wir keine Gegenleistung erbringen müssen.

Dieser Pflanzen(ver)führer am Tor der Großzügigkeit beweist auf eindrucksvolle Weise, wie die Erfüllung aller Wünsche ganz von selbst geschieht, weil Phantasie und Kreativität Geschenke des Universums sind, für die wir nichts tun müssen.

Vanille ist eine ausgeprägte Herznote und kein Duft kann sich so gut einschmeicheln wie dieses »blonde Gift«! Ihr exotisches Aroma stimmt froh und lockt uns mit verführerischer Süße, von der Fülle des Lebens zu naschen. Wir fühlen uns automatisch geborgen und gut versorgt am Milchquell der großen Mutter. Alle Entbehrung, aller Missmut schwinden dahin, selbst das Herz kann gestärkt werden. Das innere Kind wird gestreichelt und voller Wärme und Verständnis in den Arm genommen, wo es sich gut aufgehoben fühlt. Kaum ein Mensch kann sich dieser aromatischen Attraktion entspannter Wohlgefühle entziehen.

Eine träumerische Verlockung mit dem Versprechen süßester Hingabe liegt im Duft dieser Frucht. In ihm schwingt ein kindlicher Frohsinn, der beruhigend und entspannend auf das Gemüt wirkt. Wie intensiv und positiv können wir damit unsere Befindlichkeit beeinflussen! Vanillearoma erinnert uns an Freiheit und Leichtigkeit im Leben, vermittelt Genuss ohne Reue und stellt keinerlei Forderungen. Es ist ein Duft, der wunderbar mit allen anderen Düften kommuniziert und seine stimmungsaufhellende Botschaft unterschwellig übermittelt. Zu allem Überfluss wird dieser Fülle an Wohlgefühl in einigen Kulturen auch noch eine aphrodisierende Wirkung für Mann wie Frau zugeschrieben.

Kein Wunder also, dass mit der Erzeugung des erheblich billigeren und unbegrenzt verfügbaren Vanillin die

Duftindustrie Kopf stand! So ist Vanille heute wohl zum Aromatisator Nr. 1 unserer Gegenwart geworden. Dass Vanille auch als Element der Manipulation und unterbewusst angelegten Beeinflussung des Konsumenten genutzt wird, zeigt das Schattenthema dieser Entwicklung.

Bereits die Azteken bereiteten ein Getränk aus Vanille mit Kakao. Dieser Trunk sorgte für Lebenslust und ungetrübte Freude im Einklang mit dem großzügigen Überfluss ihrer tropischen Umwelt.

Erhältlich als ätherisches Öl und Räucherstoff
Elementarkraft: Wasser
Schwerpunkt: Gefühl

Zedernholz
Juniperus virginiana

»Schutz und Stärke sind da«

Seelenstärke und Erdverbundenheit fördert dieser Kraftbaum der indianischen Mythologie. In seinem Duft schwingt die Einheit der Elemente Erde, Wasser, Feuer und Luft und generiert Lebenskraft. Wer sich mit diesem Duft verbunden fühlt, wird auch mit den Qualitäten Geduld und Ausdauer gesegnet sein. Das Tor der Großzügigkeit zeigt sich darin, dass der warme, balsamische Duft sich hilfreich anbietet, um uns in unserer Bedürftigkeit zu schützen und uns Vertrauen zu uns selbst zu vermitteln.

Diese weise und standfeste Baumpersönlichkeit leitet eine Rückführung zu dem sicheren Punkt der Mitte ein, wo alles so richtig ist und so sein darf, wie es ist. An diesem Punkt werden wir geschützt und gestärkt mit der Wahrheit konfrontiert. Das besondere Verhältnis zum Tor der Großzügigkeit drückt sich darin aus, dass der warme balsamische Duft der roten Zeder sich hilfreich anbietet, um den Schutzsuchenden mit Fürsorge zu umfangen und mit dem zu versorgen, was fehlt.

Zedernduft stärkt auf diese Weise unser Selbstvertrauen in schwierigen Lebenslagen und schenkt uns Entspannung bei Nervosität und Stress. Indem sowohl Rauch als auch das ätherische Öl die Seele stärken und Erdung bewirken, führt uns dieser Duft in die Innenschau, vermittelt Selbsterkenntnis und fordert uns dazu auf, den alten weisen Mann in uns zu konsultieren, der nur darauf wartet, dass wir ihn um Rat bitten. In entspannter Verfassung können wir ihn hören.

Der Impuls, der von diesem Baum ausgeht, kann durchaus auch zu radikalen Veränderungen führen – das ätherische Öl wirkt z. B. auch abtreibend und menstruationsfördernd –, es lässt uns die Notwendigkeit erkennen, von alten und verbrauchten Mustern loszulassen.

Hauptsächlich bringt seine schützende, ausgleichende Kraft uns aber klärende Geistesruhe und aufbauende körperlich-emotionale Entspannung. Wir werden vom umhüllenden, aromatischen Duft dieses majestätischen Baumes getragen, der uns mit seiner besonderen Lebenskraft erdet und stärkt. Die männlich-aphrodisische Basisnote als Vater-Aspekt wirkt beruhigend und schützend – dieser Duft gewährt auf kraftvolle Art Schutz und Zuflucht. Wer sich mit diesem Duft verbunden fühlt, dem werden auch die Qualitäten Geduld und Ausdauer nicht fremd sein.

Räucherungen mit Zedernholz eignen sich zum Reinigen von Räumen und Gegenständen und dienen auch zur Abwehr von Schädlingen. Die psychisch-seelischen Aspekte sollten bei der aromatherapeutischen Anwendung jedoch ganz im Vordergrund stehen. Dieser würdevolle Baumfreund schafft eine harmonisch-sinnliche Stimmung und ist als Glücksbaum bekannt. Seelenstärke und Erdverbundenheit sind weitere Qualitäten, die seine Räucherung fördert.

In der indianischen Mythologie ist die rote Zeder wie auch die echte Zeder ein Kraftbaum. Sie steht für die Einheit der Elemente Erde, Wasser, Feuer und Luft und kann die Lebenskraft positiv beeinflussen. So mag es vorkommen, dass durch die konzentrierte elementare Einwirkung eine Verschmelzung von Körper, Gefühl und Geist gefördert wird – eine große spirituelle Erfahrung!

Erhältlich als ätherisches Öl und Räucherstoff
Elementarkraft: Erde
Schwerpunkt: Gefühl

·3·
Tor der Inspiration

Die Harmonie der Bewegung folgt dem inneren Gesetz

Ich schätze positive Resonanz.
Es macht mir Spaß, andere zu animieren.

Im Herzpunkt der Gefühlsebene erwartet uns der aktive Impuls, uns selbst in den Arm zu nehmen, wenn wir uns nicht zuverlässig vom Leben getragen fühlen. Erlösung heißt, sich selbst nicht mehr an den Haaren aus dem Sumpf ziehen zu müssen. Kontakt bedeutet hier Resonanz und Spiegelung dessen, was positiv ist, sowie die gute Neuigkeit, die uns überbracht wird. Der Magier, der die Welt bewegt, der es kann und der es tut, beherrscht das Terrain mit der Kraft der Überzeugung. Sie werden sehen, wie erlösend es ist, sich der inneren Gesetzmäßigkeit anvertrauen zu können, nichts »richtig« machen zu müssen, um in Kontakt zu sein. Dann entsteht Harmonie, nährende Kraft und Inspiration fließen dem Prozess zu. Die Aromastoffe am Tor der Inspiration weisen uns auf die Schönheit der Welt hin und helfen uns, diese auch in uns selbst zu erkennen und zu würdigen.

Leitsatz:

Sich getragen zu fühlen, macht es möglich,
die inneren Stimme zu vernehmen.

Geranium
Pelargonium graveolens

»Harmonie und Kontakt«

Geranium berührt unsere unbewusste seelische Verfassung dort, wo aufgestaute Gefühle den Ablauf behindern, weil wir Probleme nicht verarbeiten können. Es schließt Wunden, schafft Balance und Rhythmus, schlägt Brücken und bringt die Dinge wieder in den Fluss. Durch die Ausrichtung auf Kommunikation und harmonisches Miteinander wird es leichter für uns, in unser inneres Gleichgewicht zu finden und angespannte dunkle Stimmung aufzuhellen.

Die Zuordnung zum Tor der Inspiration ist bei dieser kecken Blütenfee eindeutig, ihr Einfluss ist tatkräftig auf Harmonie ausgerichtet. Als Pflanzenführer wirft sie ein Schlaglicht auf Beziehung und Partnerschaft und zeigt uns, wie wir durch eine liebenswürdige Haltung freundliche und kooperative Stimmung schaffen können, Unzufriedenheiten beseitigen und Aggressivität auflösen. Harmonie wird im Lichte ihres Regenbogens möglich. Unangenehme Gedanken verlieren unter ihrer Führung an Kraft und Einfluss und wir streben hin zu einer Atmosphäre frei von emotionalen Belastungen.

Der Duft der Geranie vermittelt die Entspannung des Sonnenuntergangs am Abend, wenn die Dunkelheit kommt und das Bewusstsein die Ereignisse des Tages loslassen und seelisch verarbeiten möchte. Partnerschaftliche und mitmenschliche Konflikte kommen auf den Tisch, die sich immer wiederholenden kleinen Verletzungen der Sicherheit des eigenen Herzens – wenn Sie sich beispielsweise von anderen nicht verstanden fühlen. Geranium berührt »das seelische Wasser des Unbewussten« an der Stelle, wo ein Gefühlsstau besteht, wenn wir Probleme nicht verarbeiten können. Durch eine sanfte Berührung mit ihrer taugleichen Blütenhand bringt die Pflanzenfee die Dinge wieder in den Fluss. Denn feindselige Stimmungen müssen wir zunächst auflösen, damit wir positive Gefühle wieder zulassen können. Geranium sorgt für Kommunikation und harmonisches Miteinander und schafft inneres Gleichgewicht. Angst, Stress, Depression und Anspannung werden auf sanfte Weise transformiert.

Geranium hat einen starken Bezug zum Element Wasser. Überall, wo der energetische Fluss der Meridiane blockiert ist, kann es die Energie wieder zum Fließen bringen. Dies gilt auch für den Lymphfluss und die Stärkung der Venen. Seine ausgleichende Funktion erstreckt sich außerdem auf das Nervensystem, schafft Balance und Rhythmus. Insbesondere bei psychosomatischen Problemen regelt Geranium über die Hormonproduktion Funktionsabläufe. Der Duft stellt gleichsam die Frage: »Wie viel darf ich nehmen, wie viel geben?«

Einen besonderen Platz hat das sanfte Geranium traditionell in der Hautpflege. Das ätherische Öl wird erfolgreich auf der Haut als Kontaktorgan verwendet, in Form von Badezusätzen oder Lotionen, z. B. bei nicht gut heilenden Hautbereichen, bei trockenen, juckenden Ekzemen, bei entzündeter und gereizter Haut, zur Behandlung und Vorbeugung gegen Pilzerkrankungen oder zur Insektenabwehr.

Die Haut hat eine Schutzfunktion, sie grenzt das Innere vom Äußeren ab. So ergibt sich ein psychisch-seelisches Bild für den Einflussbereich dieser Duft-Herznote mit ihrem öfters als penetrant empfundenem süßen Versprechen des Ausgleichs aller unharmonischen Einflüsse. Analog pflanzte man die Duftgeranie in früheren Zeiten gern um die Häuser herum, um böse Geister fern zu halten.

Erhältlich als ätherisches Öl
Elementarkraft: Wasser
Schwerpunkt: Gefühl

Hoholz
Cinnamomum camphora

»Sich selbst ein Freund sein«

*Aufgeweckt und dennoch gelassen und entspannt
in die Welt zu schauen, das vermittelt die Wesenskraft
in diesem ätherischen Öl. Spannungen können wir
durch aufmerksame Zuwendung ausgleichen.
Dafür ist es wichtig, dass wir in der eigenen Mitte ruhen.
Das ist die Voraussetzung, um als Verwandlungskünstler
die Gegensätze aufeinander zu führen zu können.
Grazie und Kraft sind in diesem Duft vereint.*

Um etwas Neues empfangen zu können, müssen Sie zunächst losgelassen haben. Wo sonst als am Tor der Inspiration kann diese Qualität am besten ihren Dienst an der Schöpfung tun?

Ein Sonnenstrahl dringt mit der frohen Botschaft der Gelassenheit durch das Blätterdach und trifft unseren im Schatten des Gedankendunkels liegenden Kopf. Wir dürfen darauf vertrauen, dass wir unsere Aufgabe zu jeder Zeit kreativ und zielsicher erledigen werden.

Aggressionen und Ängste im Hinblick auf mögliche Konflikte lösen sich in Wohlgefallen auf, wenn Mut und Vertrauen unter dem Eindruck dieses Duftes miteinander verschmelzen. Das bringt uns dazu, toleranter und mitfühlender miteinander umzugehen.

Die frische, blumige Herznote in diesem Sinneseindruck führt uns in eine Empfindung von Ruhe und Entspannung, ohne die Dynamik unseres Handelns einzuschränken. Ganz im Gegenteil, durch die Eingebung von höherer Ebene eröffnet sie neue Lösungswege.

Der fein-blumig, rosig-holzig bis frische Duft wirkt sanft stärkend und ist hilfreich bei Nervosität und Stress. Es spricht eine feine Kraft aus ihm, die auf Harmonie einstimmt. Wenn wir den seelischen Einfluss dieses Duftes als harmonisierend bezeichnen, dann verschmelzen in diesem Begriff zwei vordergründig gegensätzliche Wirkungsweisen miteinander, nämlich das Belebende und das Entspannende. Eine Botschaft, die besonders bei depressiven Zuständen bestens funktioniert, denn sie bringt das Ein- und Ausatmen der Seele in unser Bewusstsein.

Aus Blättern und Holz des großen, buschigen Baumes mit glatter Rinde wird das taiwanesische Kampfer-Linalool-Öl gewonnen. Sie werden destilliert und fraktioniert, das heißt, bestimmte aromatische Anteile werden bevorzugt gewonnen. So enthält Hoholz- bzw. Hoblätteröl nur wenig Kampferanteile mit den typisch reinigenden und klärenden Qualitäten, dafür hauptsächlich Linalool. Dies verkörpert den weichen Teil und somit den Herzaspekt dieses kraftvollen Baumes. Es drückt in seinem Duft wesenhaft die Du-Seite aus und wirkt in gewisser Weise wie ein Botenstoff für »Verständigungsaktionen« und Kommunikation. Es ist ganz und gar auf Ausgleich mit der Umgebung ausgerichtet.

Das als äußerst hautfreundlich geltende Hoholz- und Hoblätteröl stärkt das Immunsystem gegen Angriffe von Viren und Bakterien und ist deshalb ein guter Begleiter in der kalten und dunklen Jahreszeit.

Erhältlich als ätherisches Öl
Elementarkraft: Luft
Schwerpunkt: Gefühl

Kardamom
Elettaria cardamomum

»Die Gesichter des Magiers«

Ein Meister der Verwandlungskünste stellt sich hier in den Dienst am Leben. Das, was wir gerade brauchen, erscheint im rechten Moment, und unser Vertrauen in eine Art innere Gesetzmäßigkeit bei der Entfaltung der Dinge wächst. Eine starke positive Kraft, die den Suchenden sicher und gegen alle möglichen Überraschungen gefeit durch den Dschungel der Unwägbarkeiten führt.

Am Tor der Inspiration verkörpert Kardamom das Prinzip Hoffnung, um Zuversicht und Lebensfreude zu propagieren. Auch in der schwärzesten Nacht gibt es immer wieder eine Lösung. Wenn wir eine flexible positive Grundhaltung einnehmen, taucht sie unerwartet und in freudigen Farben schillernd aus dem Dunkel heraus auf. Die sinnlich-anregende und nervlich-ausgleichende Wirkung dieses Duftes kann uns in schwierigen Situationen oder bei Erschöpfungszuständen einen aufmunternden Impuls schenken und Bewegung erzeugen, damit wir neue Wege finden.

Grundsätzlich erfüllt Kardamom eine stimulierende Funktion als Harmonisierer für fast jeden, denn die allgemeine Akzeptanz für diesen Duft ist sehr hoch. Kaum einer kann sich seiner Magie entziehen, erzeugt er doch geradezu euphorische Gefühle. Kein Wunder also, wenn er volkstümlich auch als probates Mittel für den Liebeszauber angewendet wurde.

Sein zitronig-würzig, aromatisch-süßer Duft hat einen aufreizenden Charakter. Am besten ist Kardamom, wenn er unmittelbar vor dem Räuchern aus der Saatkapsel gebrochen wird.

Er ist der Magier unter den Duftstoffen – schnell lässt er uns aus dem Nichts heraus die Botschaft zukommen, die wir in unserem Prozess als Impuls zur Weiterentwicklung benötigen. Seine Gesichter sind so unterschiedlich wie seine verschiedenen Einsatzmöglichkeiten, sei es als Verdauung förderndes Küchengewürz, zur Aromatisierung unterschiedlichster Genussmittel oder sogar Medikamente ebenso wie als ätherisches Öl in Seifen, Kosmetika und Parfüms. Dabei ist es wirklich erstaunlich, welch unterschiedliche Assoziationen bei verschiedenen Menschen entstehen, wenn sie seinen Duft riechen.

Schon seit Jahrtausenden machen sich die Menschen diese aromatische Saat einer tropischen Pflanze zunutze. In Indien wie im alten Ägypten war Kardamom von jeher als Räuchermittel in Gebrauch, und als orientalisches Gewürz gibt er vielen Gerichten die besondere Note. Auch im medizinischen Bereich ist er ein wahrer Tausendsassa: Die traditionelle Medizin Chinas und Indiens kennt ihn seit mehr als 2000 Jahren als ein wirksames Mittel gegen Lungenleiden, Verdauungsprobleme, Fieber und Harnwegsbeschwerden, nervöse Störungen und giftige Bisse oder Insektenstiche.

Erhältlich als ätherisches Öl und Räucherstoff
Elementarkraft: Feuer
Schwerpunkt: Gefühl

Opoponax
Commiphora erythraea

»Ausgleich im Hier und Jetzt«

*Wer an alten Belastungen festhält und dadurch die
Gegenwart nicht zu würdigen weiß, kann sich durch
diese Duftbotschaft in das Hier und Jetzt befördern lassen.
Hypnotisch stärkt Opoponax die Sinne und schafft eine
Schutzhülle, die Unheil abwehrt. Der Duft ermöglicht
Bewegung im Sinne der Lebensgesetze, indem er uns hilft,
den Schmerzpunkt zu fühlen. Das Harz, der getrocknete
Wundsaft, symbolisiert das, was die Verletzungen heilt.*

Ihre aktive Kraft macht diese Pflanze zu einem geeigneten Führer am Tor der Inspiration, der in der Lage ist, Bewegung im Sinne der Lebensgesetze zu erzeugen und unsere innere Entwicklung zu fördern. Die Signatur dieses buschartigen Baumes steht für Wehrhaftigkeit. Er hat knotige Äste und rechtwinklig abstehende Zweige, die in einem spitzen Stachel enden, und wächst an der Küste des Roten Meeres in einer Gegend, die so karg und trocken ist, dass sie von den Einheimischen als »Tehama« (= Hölle) bezeichnet wird. Der Stamm hat tiefe Rillen und Hohlräume, in denen sich das Sekret sammelt, das der Baum bei Verletzungen der Rinde reichlich absondert – Symbol für das, was alle Verletzungen heilt. Mollig in seinen Fellmantel gehüllt, schaut der kleine Troll nach innen und lässt sich nicht von äußerer Unbill schrecken. Unter dem Einfluss dieses Duftes können wir tiefe Wünsche in harmonisch ausgeglichener Atmosphäre freilegen und sie dem Fluss des Lebens anvertrauen. Schmerz der Vergangenheit löst sich auf.

Geheimnisvoll, balsamisch-holzig nach alten Weinkorken duftend, variiert Opoponaxharz, wenn Sie ihn verräuchern, mit würzig-süßen bis frisch-herben Nuancen, die auf sehr unterschiedliche Akzeptanz bei den Wahrnehmenden stoßen. Grundsätzlich vermag Opoponax den Abfluss verbrauchter toxischer Stoffe anzuregen und Raum für neue Prozesse zu schaffen. Wer an alten Themen festhält und sich weigert, die Gegenwart zu würdigen, kann sich durch die Duftbotschaft dieser überlebensstarken Pflanze auf sehr sinnliche Weise in das Hier und Jetzt befördern lassen. Opoponax ist ein Aphrodisiakum. Seine Räucherung wirkt außerordentlich entspannend bis hypnotisch. Sie stärkt die Sinne und inspiriert dadurch, dass sie die eigene Intuition deutlicher wahrnehmen lässt. Da sie eine zuversichtliche Atmosphäre erzeugt, eignet sie sich sehr gut für Übungen, die darauf abzielen, die innere Balance zu stärken. Man sagt, der Rauch schaffe eine Schutzhülle, die alles Unheil von außen abwehren könne.

Den Wirkungen der echten Myrrhe sehr ähnlich, wird Opoponax mit seinem pudrig-orientalisch bis würzigen Duftakkord im Mittleren Osten seit Menschengedenken als wichtiger Bestandteil von Räucherwerk, für Einbalsamierung und Parfümierung verarbeitet. Es wird auch seit biblischen Zeiten zur Desinfektion in den Häusern und zum Schutz vor negativen Einflüssen verräuchert.

Erhältlich als ätherisches Öl und Räucherstoff
Elementarkraft: Feuer
Schwerpunkt: Gefühl

Palmarosa
Cymbopogon martinii

»Neue Kraft schöpfen«

*Eine flexible Grundhaltung zum Leben und seinen
Problemstellungen zeichnet diese Duftpersönlichkeit aus.
Sie suggeriert einen fröhlich-leichten Umgang mit
schwierigen Situationen. Kindlich-unversehrte
Aufgeschlossenheit vermittelt uns hier die Erkenntnis,
dass es sich immer lohnt, Vertrauen in den naturgegebenen
Lauf der Dinge zu investieren.*

Dieser zarte Pflanzenführer am Tor der Inspiration lehrt uns in seiner Duftbotschaft, die Belastungen des Lebens nicht so »tierisch ernst« zu nehmen, sondern aus einer entspannten, spielerischen Haltung heraus das zu tun, was getan werden muss. Wir sollten uns nicht alles gleich »unter die Haut« gehen lassen, was uns an Widrigkeiten begegnet, sondern durch eine elastische Haltung den unangenehmen Eindruck abfedern – das ist die Botschaft, die uns hier nahe gelegt wird. Wie ein Grashalm, der sich geschmeidig vom stetigen Wind der Steppe in alle Himmelsrichtungen wiegen lässt. Lebensfreude als Grundnote ist in diesem Duft die beste Medizin, um nicht zu verzagen, sondern den Herausforderungen mutig begegnen zu können. Damit unterstützt Palmarosa Heilungsprozesse aller Art.

Wie ein inspirierender Sonnenstrahl baut Palmarosaduft das verlorene Lebensgefühl wieder auf und richtet uns seelisch auf. Mutlosigkeit und Lethargie verfliegen im Nu. Eine kindliche Leichtigkeit geht von dem feinen Duft des ätherischen Öls dieses Süßgrases aus, deshalb ist er auch universell einsetzbar und wird insbesondere von Kindern geschätzt. Die rosenartige Herznote seines Duftes, auf Grund derer sich Palmarosa auch als Streckmittel für das teurere Rosenöl eignet, ist ein wahrer Seelenstreichler. Es ist ein kühlendes Aroma, das dem Element Wasser zugeordnet ist und die Stimmung aufhellt und beruhigend auf den Geist wirkt. Sanftmut hält in unserem Herzen Einzug, nimmt Nervosität und Verspannung von uns und führt uns in einen positiven Entfaltungsprozess. Harmonisierend stellt es das innere Gleichgewicht wieder her, wenn die Nerven überstrapaziert sind. Stress und Hektik schwinden und wir können die Dinge gelassener betrachten.

Bei der Abwehr krankmachender psychotoxischer Einflüsse kann der grasig-feinblumige Duft dieser wild wachsenden Graspflanze mit den langen, schlanken Halmen einen sehr guten Dienst leisten. Er regt die Produktion biochemischer Botenstoffe (Encephaline) an, die heiter stimmen und Schmerzen lindern können – eine sehr förderliche Wirkung, da ein Absinken des Encephalinspiegels melancholische Stimmungen und in der Folge einen Mangel an Selbstvertrauen verursachen kann.

Regelmäßiger Pflege mit Palmarosaöl macht die Haut langfristig straffer, robuster und widerstandsfähiger, das Öl hat hervorragende Hautpflegequalitäten und verhilft auch zur schnelleren Heilung von Abschürfungen oder Infektionen. Zu seinen medizinischen Eigenschaften gehört neben der Kräftigung des Immunsystems ein positiver, beschwingender Einfluss auf Herz und Kreislauf.

Erhältlich als ätherisches Öl
Elementarkraft: Wasser
Schwerpunkt: Gefühl

Palo Santo
Bursera graveolens

»Das Herz wird leicht«

*Auf wunderbare Weise ist diese Aromakraft fähig,
die Schwelle zur inneren Wahrnehmung zu überschreiten.
Sie öffnet die Pforte zum Herzen und hilft uns, gefangene
Gefühle in die Freiheit zu entlassen. Dadurch entsteht
Raum für geistig-seelische Bewusstseinsarbeit, wir erhalten
Zugang zu den essenziellen Werten und der Weg
wird für die Inspiration bereitet.*

Der Phantasie wachsen Flügel unter dem Einfluss dieses bemerkenswerten Aromas. Der Kontakt zur Quelle der Inspiration wird mühelos hergestellt – es ist, als würden die Tore zu den Mysterien der geistig-seelischen Welt plötzlich weit offen stehen. Alle destruktiven Kräfte werden an dieser Schwelle abgewiesen und der gereinigte Geist kann sie überschreiten. Hier begegnen wir wirklich einem hochkarätigen Führer, dem wir uns voller Vertrauen überlassen dürfen, weil er am Tor der Inspiration seine Aufgabe mehr als erfüllt. Lichtvoll schwebend leitet er uns durch die karge Landschaft unseres versteinerten Herzens, hin zu wirklicher Inspiration.

Für eine kontemplative Innenschau oder eine zielgerichtete Meditation bereitet eine Räucherung mit Palo Santo auf besondere Weise den Weg. Eine zuverlässige Hand streckt sich dem Suchenden entgegen, die wir nur ergreifen müssen, um in die wunderbaren Gefilde der inneren Welt geführt zu werden. Kein Ort ist vorstellbar, an dem man sich besser aufgehoben fühlen könnte. Nichts bleibt zu wünschen übrig, wenn man bei sich selbst angekommen ist und alles so sein darf, wie es ist.

Wir haben es hier mit einem starken Wesen zu tun, das auf eine erstaunlich hohe Akzeptanz bei fast allen Menschen (90 %) trifft. Der Duft hat eine sehr eigenständige Authentizität, die außerordentlich entlastend wirkt. Der unvergleichliche süß-würzige Rauch der verglimmenden Splitter mit fruchtigen, kokosartigen Noten im Hintergrund schafft Ruhe und Ausgeglichenheit mit optimistischer Grundstimmung. Er ist damit ein ideales Räuchermittel bei Ärger und Anspannung und erleichtert das Herz. Ruhige Freude kann sich in uns ausbreiten, wenn alle Belastung sich verbrennend in Luft auflöst und durch das Fenster entschwinden kann.

Bereits die Azteken verwendeten den aromatischen Räucherduft der Balsambaumgewächse der Bursera-Familie, die sie »copalcoahuitl« nannten. Sie sind für die Südamerikaner das, was Sandelholz den Asiaten ist. Bei den Indianern Perus geht der Gebrauch des *Palo Santo* (= heiliges Holz) für medizinische, religiöse und magisch-rituelle Zwecke auf eine Jahrtausende alte Tradition zurück. Es heißt, die bösen Geister scheuen diesen Duft, wohingegen die guten Geister von ihm angezogen werden. In Peru wird Palo Santo noch heute vielfach zur Unterstützung bei der Heilung von Krankheiten und zur Reinigung der Luft verwendet.

Erhältlich als Räucherstoff
Elementarkraft: Feuer
Schwerpunkt: Gefühl

Tonkabohne
Dipteryx odorata

»Zurück zum Urvertrauen«

*Warme Dunkelheit umhüllt den Wanderer weich und
sinnlich. Sie legt sich wie ein Schutzmantel um die
verlorene Seele und vermag, im rechten Maß genossen, eine
Atmosphäre von Wohlgefühl und Aufgehobensein
zu erzeugen. Es wird möglich, gelassen und entspannt
der Dinge zu harren, die da kommen mögen.
Harmonisch integriert in ein sicheres Umfeld,
fühlen wir uns vom Fluss der Dinge getragen.*

Als Führer am Tor der Inspiration vermittelt dieses Pflanzenwesen in seinem schützenden Unterschlupf die Geborgenheit und Sicherheit, derer es bedarf, damit wir Ängste loslassen können und zum Urvertrauen zurückfinden. Heitere Gelassenheit und warmherzige Offenheit sind die besten Voraussetzungen, um die Gegebenheiten so anzunehmen, wie sie kommen. Wenn wir das rechte Maß halten, gelingt es uns in allen Situationen, zur inneren Ruhe zu finden, das Leben wieder entspannt zu genießen und uns unseres eigenen Reichtums bewusst zu werden.

Tonkabohnen haben ein sehr starkes, süß-würziges Aroma, das an Vanille erinnert. Wärme und Heiterkeit breiten sich aus, wenn sie mit venusgleicher Energie die Raumatmosphäre magisch in ihren Bann ziehen, uns in eine gebärmuttergleiche Höhle einladen, in der Furcht und Ängste keinen Platz haben. Eine Räucherung wirkt antidepressiv, erhellt das Gemüt und kann sogar bis zur Euphorie führen, in ihrer Intensität vermag sie aber auch einen leicht hypnotischen Einfluss zu entfalten. Die sinnlich-anregende, aphrodisische Stimmung führt aber grundsätzlich eher in den Kontakt mit der weichen Seite, die aufgrund von Verletzungen in der Vergangenheit verhärtet und in die Isolation gedrängt wurde. Der Duft ist in der Lage, Schatten, die auf unserer Seele liegen, mit sanfter Hand ans Licht zu ziehen und damit aufzulösen. Kreativer Freiraum wird geschaffen und damit der Inspiration eine Spielwiese zur Verfügung gestellt.

Darüber hinaus ist das Thema Partnerschaft und Beziehung im zwischenmenschlichen Bereich ein bedeutender Aspekt für das Wirkungsspektrum der Tonkabohne. Schon in kleinen Mengen verbreitet dieser Duft eine außerordentlich positive Stimmung. Jegliche Art innerer Unruhe weicht unter seinem harmonisierenden Einfluss, wir können uns im Schutz des Gefühls begegnen, in uns selbst ruhen.

Das Wort *Tonka* stammt von den Ureinwohnern aus Französisch-Guinea. In der Volksmedizin hat man die Frucht gegen Erkältung und in der Haarpflege verwendet, vermutlich ist sie auch als narkotisches Mittel geraucht worden.

Als Wunschbohne wurde sie, nachdem sie mit einem Wunsch besprochen worden war, an einem ausgewählten Ort in der Erde vergraben oder als Amulett für Glück, Geld und Liebe bei sich getragen. Sie gilt als Talisman für erfolgreiche und glückliche Begegnungen und in Liebesangelegenheiten.

Erhältlich als ätherisches Öl und Räucherstoff
Elementarkraft: Wasser
Schwerpunkt: Gefühl

·4·
Tor der Kreativität

In der Quelle des Seins liegt der Ursprung aller Dinge

Die tiefen Gefühle sind mir wichtig.
Ich lehne Banalitäten ab.

In dem, was man nicht sehen kann, was im inneren Urwald verborgen liegt, ist das Neue begründet. Die Kreativität ist das Werkzeug, mit dem Sie in den Tiefen des Waldes nach dem ursprünglichen Wasser des Lebens graben können. Es gibt aber keinen allgemein verbindlichen Leitfaden, nach dem Sie dabei vorgehen könnten, deshalb ist diese Region unwägbar und voller emotionaler Fallstricke. Allzu leicht kommt man vom Wege ab und verirrt sich in illusionären Gefilden, abgetrennt vom Rest der Welt und verloren in der Einsamkeit. Die Aufgabe besteht darin, alles, was einem begegnet, wie auch immer es aussehen mag, als Teil des schöpferischen Stroms zu erkennen und anzunehmen. Die Düfte dieser Sphären helfen uns, mit Hingabe in die persönliche Erfahrung zu gehen, um aktiv an der göttlichen Kreativität teilzunehmen. Die einfachen Dinge öffnen das Herz und wärmen die Seele.

Leitsatz:

Der geringste schöpferische Akt kann
die tiefste Sehnsucht stillen.

Abelmoschus
Hibiscus abelmoschus

»Von Vollkommenheit träumen«

Sinnliche, triebhafte Empfindungen tropfen aus der
Gefühlswelt in die Körperlichkeit und nehmen dort ihren
Raum ein. Ein aufregender Wechsel unterschiedlicher
Gefühle lässt unsere Phantasie erblühen und innere Bilder
tauchen wie von selbst auf, um unser Herz zu wärmen.
So wächst unser Vertrauen, uns voll und ganz auf »heiße«
Situationen einzulassen und Extreme zu erleben.

Die Botschaft dieser lasziv-hingebungsvollen Pflanzengestalt am Tor der Kreativität ist, dass wir uns, um authentische Erfahrungen zu erzielen, ganz und mit allem, was uns zur Verfügung steht, einlassen und in die hohen Sphären wagen sollen, um so unserem eigenen Anspruch auf Vollkommenheit Rechnung zu tragen. Wir werden gleichsam in die verführerische Tropenwelt entführt, aus der dieses Gewächs stammt. Abelmoschus soll anregend und stimulierend bei sinnlicher Antriebslosigkeit helfen und die Sexualenergie stärken. Hemmungen schwinden unter seinem Einfluss, Kälte und Lustlosigkeit lösen sich auf. Die Räucherung erzeugt Spannung und Erdung zugleich, so dass wir triebhafte emotionale Energie über den Körper zum Ausdruck bringen und die Kontrolle loslassen können. Alles verschwindet im blinden Taumel intimer Berührung, frei von allen Tabus.

Geräuchert entfalten die Moschuskörner einen tiefgründig-dunkelsüßen bis brenzlig-moschusartigen Duft, der ein wenig an Tabak und Cognac erinnert und dem eine erotisierende Wirkung nachgesagt wird. Wir können uns diesen Aromageist auch wie eine elegante Dame im schwarzen Hosenanzug und mit Zylinderhut vorstellen. Der erste Eindruck ist hintergründig, moschusartig, dann schlüpft sie in ein appetitlich-backwarenartiges Gewand und zuletzt zeigt sie ihre strenge Lederseite, die dann aber alles andere dominiert. Das Ganze ist ein sehr authentischer Auftritt, weil jeder Schritt für sich vollkommen erscheint. So ist dieser Duft auch gut für das Selbstbewusstsein und bringt uns aus Stimmungsschwankungen zurück in die Harmonie.

Die Entwicklung dieser Spezies zeigt, wie besonders und wandlungsfähig sie ist. Moschuskörner haben viele Gesichter, von denen ein jedes sehr ausdrucksstark ist: Gelbe Blüten, Okra-Schoten als nahrhaftes Gemüse, Stängel, die Rohstoff für spinnbare Fasern liefern, und eine Saat, die geröstet als Kaffeezusatz verwendet wird! Die Lebensmittelindustrie benutzt das Öl aus der Saat zum Aromatisieren von Likören. In der Parfümerie wird aus Saat und Kraut »Ambretteöl« destilliert, das in blumige Parfüms sowie Chypre- und Holznoten eingebaut wird und in seiner Wirkung als exaltierend und fixierend eingestuft wird.

Erhältlich als Räucherstoff
Elementarkraft: Wasser
Schwerpunkt: Gefühl

Angelika
Angelica archangelica

»Den eigenen Weg gehen«

*Dieses Duftwesen ist ein Mittler zwischen den höchsten
Höhen und den tiefsten Tiefen. Fest im Boden verankert die
Himmelsbotschaft zu überbringen, zeugt von großer Stärke.
Das prägt auch diese Schutzkraft und macht sie zum Retter
in der Not. Himmlisches Feuer wird den Schwachen und
Mutlosen zur Stärkung angeboten, auf dass sie ihre innere
Verbundenheit mit den Kräften der Erde spüren und ihren
geraden Weg finden mögen.*

Am Tor der Kreativität finden wir hier einen Führer, der uns befähigt, mit unserem ureigenen Kraftquell in Verbindung zu kommen und die Stimme unseres Herzens zu hören, um wieder festen Boden unter den Füßen zu spüren und mit wachem, klarem Geist zu unseren eigenen Wurzeln zurückzufinden. Das gibt uns Mut, auf die Bühne des Lebens zu treten und das Schauspiel mit authentischer Energie zu gestalten und unseren eigenen Weg bis zum Ende zu gehen.

Wenn Sie sich mutlos und verlassen fühlen, erscheint der aromatische Impuls der Angelika als magische Schutzkraft wie ein Retter in der Not. Sie wirkt wie eine tragende Kraft von unten, die zu Entscheidungsfähigkeit und Selbstvertrauen führt und bei Existenzangst und Mutlosigkeit empfehlenswert ist. Unter dem Eindruck dieses Duftes verlieren Anfeindungen ihren unseligen Einfluss. So wie die Kraft aus der Wurzel nach oben drängt und mit dem gewaltigen Schaft die große Blütendolde dem Licht des Himmels entgegenreckt, als wolle sie den Mächten der Finsternis entgegentreten, kann diese engelsgleiche Erscheinung mit dem Flammenschwert ihrer aromatischen Botschaft gegen Melancholie und Depression zu Felde ziehen und Licht in die Dunkelheit der Seele bringen. Die Ich-Kraft wird gestärkt und alle Selbstzweifel verfliegen im Nu. Sie ist auch ein hilfreicher Begleiter für schamanische Reisen, wie der hohle Stängel als Kanal zu anderen Welten signalisiert.

Der aromatische Rauch dieser Wurzel ist von ganz besonderer Qualität. Dunkel und wurzlig ist der erste Eindruck, dann wechselt er in eine warm-würzige Note und plötzlich werden wir verzaubert von einer Hintergründigkeit und Tiefe, die ihresgleichen sucht. Ein kräftiger, erdig-warmer

Rauch mit scharfer bis süßlicher Grundnote, der Ihnen einen mächtigen Orientierungsschub in Richtung Mitte verpassen kann.

Die außergewöhnlichen Heilkräfte der Angelika sind seit dem 14. Jahrhundert in Mitteleuropa allgemein bekannt. Der Volksmund besagt, dass ein Engel sie den Menschen als Heilmittel gegen die Pest zeigte. Als Pflanze des Erzengels Michael sah man in ihr auch eine starke Schutzkraft gegen schwarzmagische Angriffe und Verwünschungen. Engelwurz war Bestandteil des mittelalterlichen Allheilmittels »Theriak« und ist bis heute in Melissengeist, Chartreuse oder Schwedenbitter enthalten.

Auch die medizinischen Qualitäten dieser Pflanze sind unumstritten. Stärkend und schützend soll sie auf Herz und Kreislauf wirken, sie kräftigt das Abwehrsystem und hat einen guten Ruf als Mittel gegen Ansteckung bei verschiedensten Infektionskrankheiten. Ebenso wurde sie bei Rheuma- und Atemwegserkrankungen sowie Verdauungsstörungen angewendet. Die Chinesen schätzen ihre Heilkraft bei Frauenkrankheiten und setzen sie zur Förderung der Fruchtbarkeit und Geistesschärfe ein. Wir haben es also mit einem außergewöhnlichen Stärkungsmittel bei Schwächezuständen körperlicher, geistig-emotionaler und seelischer Art zu tun.

Erhältlich als ätherisches Öl und Räucherstoff
Elementarkraft: Erde
Schwerpunkt: Gefühl

Guggul
Commiphora mukul

»In die Tiefe spüren«

Dieser Duft führt uns über die Versenkung an die innere
Quelle des Seins. Alle Phantome bleiben auf der Strecke
und verlieren ihren unseligen Einfluss auf die Psyche.
Nichts als tiefer Frieden bleibt, wenn wir bei uns selbst
ankommen. Alle Impulse, die jetzt auftauchen, sind wirklich
authentisch, weil nichts darum herum mehr
von der Essenz ablenken kann.

Dieser Führer am Tor der Kreativität hilft uns, in die Tiefe zu spüren und in einem Zustand der vollkommenen Ruhe Impulse aus der Quelle allen Seins zu empfangen. Im Banne des tiefen Blicks einer weisen alten Frau gelingt es uns mühelos, zu den Geheimnissen der Schöpfung vorzudringen. Dadurch werden wir in die Lage versetzt, zu uns selbst zu kommen und uns authentisch als das zu erfahren, was wir wirklich sind: reine Essenz.

Auch ist dieses Harz ein guter Führer durch den inneren Dschungel der Leidenschaften. Auf dem schwankenden Grund der starken Emotionen gilt es, die Sumpflöcher zu meiden und Fallstricke zu umgehen, um sicher an das Ziel der Reise zu gelangen. Auf sanfte Weise bewegt dieser Räucherstoff unseren Gefühlsbereich, in Richtung vertrauensvoller Hingabe. Er ist auch als Aphrodisiakum bekannt. Verräuchert löst Guggul innere Verspannungen und erzeugt einen tiefen Zustand von Ruhe und Gelassenheit. Phantome, die aus Verletzungen in der Vergangenheit resultieren und immer noch in der Psyche ihr Unwesen treiben, verlieren unter seinem Eindruck ihre Macht. Alle störenden Einflüsse müssen weichen, und nur das bleibt, was von vitaler Bedeutung ist.

Der Räucherduft ist sehr intensiv, süß-balsamisch bis vanillig mit herb-harzigen Anklängen. In Indien, Nepal und Tibet nimmt Guggul von jeher als Räuchermittel in psychoaktiven medizinischen, sowie magischen und spirituellen Zusammenhängen eine wichtige Position ein. Seit dem Altertum ist es auch in Europa bekannt, unter dem Namen Indisches Bdellium. Die Räucherung kann das Nervensystem von toxischen Belastungen aller Art befreien. In der tibetischen Medizin werden geistige Gifte als

Vorstellungen angesehen, die der Mensch sich von seiner eigenen Unvollkommenheit macht – darin liegt die Ursache aller Krankheiten.

Guggul gehört auch zu den wichtigsten Naturheilmitteln Indiens und der ayurvedischen Heilslehre, deren Wurzeln 5000 Jahre zurück in die Region des Himalaya reichen. Der Ayurveda definiert Gesundheit als die Fähigkeit des eigenen Selbst, in harmonischer Beziehung mit sich und dem äußeren Kosmos zu sein. Pflanzenwesen helfen insbesondere in synergetischer Verbindung, diese Harmonie zu erhalten oder wieder herzustellen.

Guggul wird zusammen mit anderen Stoffen generell als Stimulanzmittel für die innere Sekretion angewendet, seine regulative Wirkung auf das Verdauungssystem, die Leber und die weiblichen Genitalorgane wird hoch eingeschätzt. Moderne medizinische Untersuchungen haben ergeben, dass Guggul in starkem Maße den Cholesterinspiegel senkt und vor Arterienverkalkung sowie Herzattacken schützt. Hinweise darauf findet man bereits in altertümlichen medizinischen Sanskrit-Texten.

Erhältlich als Räucherstoff
Elementarkraft: Wasser
Schwerpunkt: Gefühl

Muskatellersalbei
Salvia sclarea L.

»Den dunklen Vorhang aufreißen«

Ein Kitzel in der Magengegend, der aufreizend zur Entspannung führt. Einen solch ungewöhnlichen Duftimpuls, der tief in die Gefühlswelt greift und zugleich den Blick klärt, können wir im weiten Feld der Düfte ansonsten schwerlich finden. Es ist, als ermögliche die vollkommene Leichtigkeit des Seins aus der Mitte heraus die Erfahrung tiefster Tiefen.

Muskatellersalbei ist ein Schlüssel zur Kreativität im Menschen und damit ein besonders geeigneter Führer an diesem Tor, wenn es darum geht, die eigene Mitte zu finden oder auch spielerisch gegen Gefühlskälte und Unlust zu Felde zu ziehen. Das Bewusstsein wird auf helle, leichte Art erweitert, so dass wir tiefe Zusammenhänge erkennen können, die den Pfad blockiert haben. Gleichzeitig erreichen wir eine Transformation dieser Blockaden und können damit alte Muster verabschieden und tiefe spirituelle Einsichten gewinnen.

Psychisch/seelisch nimmt der Duft die dunkle Schwere der Depression aus dem Gefühl, nicht verantwortlich sein zu wollen. Leicht euphorisierend schenkt er Lebensfreude. Wenn die Banalität des täglichen Einerlei wie eine dumpfe Glocke über unserer Gefühlswelt lastet, kann Muskatellersalbei spontane Veränderung bewirken. Der filigran-androgyne Tänzer nimmt uns in die Tiefen der Traumwelt mit und lässt uns im Lichte des Regenbogens neue Möglichkeiten erkennen. Visionen von kreativen Lösungen, die Ausweg auch in höchst verfahrenen Situationen bieten, können sich uns unter dem Einfluss dieses ungewöhnlichen Dufteindrucks erschließen.

Hauptsächlich wird dieser wichtige Vertreter der Aromakultur als ätherisches Öl eingesetzt. Er kann aber auch als Kraut geräuchert werden. Der Dufteindruck findet sehr unterschiedliche Akzeptanz bei verschiedenen Menschen. Er stimuliert die Produktion von Botenstoffen (Hormonen wie Serotonin und Endorphine) und baut so über das zentrale Nervensystem körperliche und seelische Spannungen ab. Außerdem kann er bei ausbleibender oder schmerzhafter Periode den erlösenden Impuls bringen; seine hormonähnliche Struktur weist auf eine Östrogenseite hin, die sich auch in einer aphrodisischen und geburtsfördernden Wirkung spiegelt.

Früher würzte man Wein und Bier mit Extrakten aus dem Kraut (Muskatellerwein). Das ist heute verboten, weil ein solches Getränk bei Missbrauch psychoaktive Wirkungen auslösen kann. Einen besonderen Bezug gibt es zum »klaren Blick«: Aus dem Saft dieser Pflanze werden auch Augentropfen extrahiert. In der Aromatherapie wird sein Duft entspannend bis euphorisierend bewertet und in der Volksmedizin wird Muskatellersalbei als gutes Mittel gegen Vergiftungen und Magenschmerzen bereits von Hildegard von Bingen beschrieben.

Erhältlich als ätherisches Öl
Elementarkraft: Luft
Schwerpunkt: Gefühl

Orange
Citrus sinensis

»Die Leichtigkeit des Seins«

*Mit lebensfroher Unschuld erobert dieses feine,
sensible Duftwesen alle Herzen im Sturm.
Es ist das innere Kind, das dem Lebensdrama
die Stirn bietet und die einfachen kleinen Freuden
genießen will, mit anderen spielen und fröhlich sein. Die
schöpferischen Kräfte motiviert es durch eine unkomplizierte,
warmherzige und klare
Sicht der Dinge.*

Für das Tor der Kreativität ist dieser Duft der Agent der kleinen Freuden im Leben, die man mit der Allgemeinheit teilt. Eben nicht ausschließlich die großartige und außergewöhnliche Erfahrung, sondern gerade das ganz Einfache und Schlichte gilt es als das zu erkennen, was ebenso Teil der mystischen Tiefe ist und im kreativen Ausdruck nicht fehlen darf, um ein authentisch ausgewogenes Ganzes zu spiegeln. Ist es doch die Energie der Sonne, des ultimativen Lebensspenders, die in diesem Duft zum Ausdruck kommt und für Herzenswärme sorgt! Kaum ein Duft führt uns auf so unspektakuläre Weise ins seelische Gleichgewicht und hält uns so deutlich die Leichtigkeit des Seins vor Augen. Dadurch wird Raum für Kreativität geschaffen und neue Wege eröffnen sich wie von selbst, insbesondere in Krisen.

So fehlt uns in verfahrenen Lebenssituationen, wenn wir nur noch belastende und destruktive Faktoren sehen können, die Energie der Orange. Wärmend und harmonisierend ist der Einfluss dieser Duftnote, kaum jemand kann sich ihrer positiven Botschaft von Lebensfreude entziehen. Auf ganz unkomplizierte Weise führt sie uns in die Sinnlichkeit, unterstützt die weiblichen Anteile in uns und hellt die Stimmung auf. Ängste und daraus resultierende Verkrampfungen löst sie spielerisch auf. Fruchtige Frische, sonnige Süße und schelmenhaftes Kinderlachen sind in ihr vereint und lassen dramatische Gegebenheiten des Lebens verblassen, so dass wir sie mit Gelassenheit betrachten können.

Wärmend und schützend nimmt der Duft des Orangenöls die Schwere der Gedanken und Gefühle und stärkt das Herz. Seine anregende Wirkung auf alle Stoffwechselfunktionen und die hilfreiche Verwendung bei Blasen- und

Nierenbeschwerden deuten auf Beziehungsthemen und den Umgang mit zwischenmenschlichen Aufgabenstellungen hin. Außerdem regt er den Appetit an – eine Einladung, sich unbeschwert in die Freuden des Sinnenlebens zu stürzen!

Erhältlich als ätherisches Öl
Elementarkraft: Luft
Schwerpunkt: Gefühl

Schwarzer Copal
Bursera microphylla

»Pfad durch die Nacht«

*Der Schwarze Copal ist uns ein Begleiter durch die Nacht
der dunklen Schatten, um sicheren Fußes das dunkle Tal
zu durchqueren. Er sorgt für einen Vorrat an Lichtkräften,
um seelisch nicht zu verhungern und mögliche Angriffe
abzuwehren. So steht er für alle großen Veränderungsphasen,
die oft schwierig sind, uns an die eigenen Grenzen führen
und uns viel Durchhaltevermögen abverlangen.*

Dieser indianische Pflanzenführer legt dem Verzweifelten am Tor der Kreativität sanft den rettenden Mantel der Zuversicht um die Schultern und bietet den Schutz, den wir so nötig brauchen, um zu der Erkenntnis zu gelangen, dass es keine ewige Nacht gibt. Sie sollten dieses sehr mystische und dunkel-balsamisch duftende Räucherharz verwenden, wenn es Ihnen darum geht, den Schatten zu integrieren. Es ist ein guter Helfer in Transformationsphasen des Lebens, wenn es heißt, den Boden unter den Füßen zurückzugewinnen. Ruhe und Stabilität sind die beste Voraussetzung, um den Weg zu einem kreativen Neubeginn zu beschreiten.

Der schwarze Copal ist das Blut des so genannten Elefantenbaums, dessen Stamm im unteren Bereich dick geschwollen ist. Auch die graue, sich schälende Rinde erinnert an den mächtigen Vierbeiner. Dort hat der Baum ein Wasserreservoir, das ihn Dürre- und Kälteperioden an seinen wüstenartigen Standorten unbeschadet überstehen lässt.

Bereits die Mayas heiligten das Pech des Copalbaumes, insbesondere von Bäumen, die vom Blitzschlag getroffen worden waren. Als »Nahrung der Götter« war es von hoher spiritueller Bedeutung. Den schwarzen Copal nannten sie »Cauiztan Copal« – der, der vom Jaguar der Nacht gebracht wurde. Die Räucherung galt als Seelennahrung auf der Reise in das Jenseits. Der dunkel-balsamische Räucherduft des schwarzen Copal wurde bei den Azteken, Inkas und Mayas auch deshalb dem Jaguar der Nacht zugesprochen, weil das Erscheinungsbild dieser schwarzen Raubkatze der Qualität des Dufteindrucks gerecht wird. Der Mondschein als nächtliche Reflexion des Sonnenlichts steht in dieser Tradition für die Nahrung auf dem Weg durch die große Verwandlung. Und der schwarze Jaguar ist der Hüter des Mondlichts. So räuchern die Eingeborenen Mittelamerikas denn auch heute noch schwarzen Copal, wenn sie den Übergang zwischen Leben und Tod begleiten. Die Sinneswahrnehmung wird mit einem Bild verbunden, das wie ein mystischer Schlüssel das Tor zum Jenseits öffnet.

> *Erhältlich als Räucherstoff*
> *Elementarkraft: Erde*
> *Schwerpunkt: Gefühl*

Ylang-Ylang
Cananga odorata

»In den Tiefen der Gefühlswelt«

Dieser schwere, tropische Duft sendet das verlockende Signal aus, sich rückhaltlos in die sinnliche Lust fallen zu lassen und den Verstand abzuschalten. Über den Körper wird der Kreativität Tür und Tor geöffnet, wenn die romantisch-sinnliche Aromabotschaft alle unsere Instinkte dazu bewegt, der Ästhetik im physischen Ausdruck freien Lauf zu lassen.

Diese Pflanze ist ein repräsentatives Beispiel für das Tor der Kreativität. Sie verleiht unserer Phantasie Flügel und lässt uns aus der Tiefe schöpfen, um der wahren Natur der Dinge Ausdruck verleihen zu können. Unsere künstlerischen Fähigkeiten werden dadurch aktiviert, dass die weiche und träumerische Seite auf Empfang geschaltet wird, während der rational-analytische Teil zurücktreten und seine Dominanz aufgeben muss. Der Zugang zum Herzen wird geöffnet und die Schönheit der Schöpfung entfaltet sich so vor unserem inneren Auge.

Mit einer exaltierten aromatischen Geste nimmt der Duft von Ylang-Ylang die Thematik der weiblichen Sexualität in Beschlag. Er öffnet mit seiner Intensität die tiefen Bereiche der Gefühlswelt und lockt uns zu Hingabe und Lust, zu Entspannung und Träumen. Die überquellende Blütenfülle dieses Tropenbaumes sendet ein starkes Signal der Verlockung zur sinnlichen Entfaltung aus – geben Sie sich doch einmal im Dämmerlicht eines Sonnenuntergangs am Meer ganz dem Wirbel der Gefühle hin! Gleich dem schwankenden Grund des inneren Dschungels starker Gefühle, schreckt unser rationaler Verstand normalerweise vor diesem massiven Eindruck unbeherrschbaren Territoriums zurück.

Ylang-Ylang als Herrscher über Leidenschaften und Liebesspiel ist ein »Nachtblüher« – um die Mittagszeit ist die Duftintensität seiner Blüten nur halb so stark. Deshalb pflückt man sie auch in den frühen Morgenstunden.

Auch der seelische Bereich wird von diesem Duft angesprochen. Er schafft Stabilität, zentriert stark und führt uns in einen tief entspannten Zustand. Einer ärgerlichen Stimmung können Sie damit gut entgegentreten. Insbesondere, wenn der Kontakt mit der eigenen Sexualität gestört und von Stress und Angstgefühlen geprägt ist, kann der Duft dieser »Blüte aller Büten« – das bedeutet Ylang-Ylang in der philippinischen Eingeborenensprache – zu einem Schlüsselerlebnis werden. Dadurch, dass er die Ausschüttung der Glückshormone Serotonin und Encephalin anregt, kann man mit ihm innerer Unruhe, Anspannung und Melancholie bis zu depressiven Zuständen wirkungsvoll begegnen. Die hormonähnlichen Komponenten des ätherischen Öls weisen auch auf den starken Bezug zum weiblichen Metabolismus hin und erklären den positiven Einfluss auf Beschwerden bei Menstruation und in den Wechseljahren.

Erhältlich als Ätherisches Öl
Elementarkraft: Wasser
Schwerpunkt: Gefühl

·5·
Tor der Erkenntnis

Fülle in der Leere zu sehen
schafft Allwissen und Transparenz

Raum für meine Interessen haben und
die tiefen Zusammenhänge studieren.

Zum Handeln bedarf es einer guten Planung. Doch die konkrete Vorstellung, wie das Ergebnis aussehen soll, kann zum hemmenden Element werden. Um das Wesentliche der Handlung zu umreißen, ist es sehr wichtig, eine Vision zu haben. Sie darf aber nicht zum Korsett einer gequälten Idee degenerieren. Wenden Sie sich dem Fluss des Lebens zu und machen Sie sich innerlich leer, damit Sie mit Ihrer eigenen Initiative an der Entwicklung teilnehmen können, ohne sich dabei um die optimalen Voraussetzungen sorgen zu müssen. Wenn Sie Grundvertrauen in die Gegebenheiten haben, dann entstehen Ruhe und Klarheit in Ihnen. Bei jedem Schritt wird die Welt der Erscheinungen zu einem unermesslichen Füllhorn an Erfahrung. Der Weg wird zum Ziel. Unterstützen Sie mit diesen Düften Klärung und Gelassenheit, um in jedem Augenblick die Schönheit der Welt sehen zu können. Die Vorstellung, die wir vom Ergebnis haben, wird vom bereichernden Erleben der Gegenwart abgelöst.

Leitsatz:

Jeder Funke ist ein Teil der Sonne
und alles was ist, bin auch ich.

Alant
Inula helenium

»Licht aus der Wurzel«

An besonderen Orten der Kraft taucht dieses Pflanzenwesen auf und unterstützt das freie Fließen der Energie zwischen Himmel und Erde. Wo die Aussichten düster erscheinen, Sie sich von Überforderung bedroht fühlen oder Schwermut die Stimmung belastet, bringt es die klärend aufhellende Botschaft dessen, was in einem steckt, wenn man tief in die eigenen Wurzeln hinunterspürt und seine Möglichkeiten im Urwasser des Lebens wahrnimmt.

Das Tor der Erkenntnis bietet diesem Pflanzenführer ein gutes Wirkungsfeld. Tief in die Erde geht er mit seiner mächtigen Wurzel und speichert dort das Lichthafte wie ein essenzielles Wissen um die Vitalität und das Potenzial der Lebensentfaltung. Dies gleicht dem Wissenschaftler an seinem Rückzugsort, wo das Wissen um den Kern der Dinge gesammelt und geordnet untergebracht ist. Wenn man sie räuchert, dann gibt die Wurzel dieses Wissen preis. Unser Vertrauen in die Schöpfung wächst. Mit jedem Atemzug entsteht mehr Klarheit und Ruhe, der Kopf erstrahlt in Lichtesfülle. Durch das Ordnungsprinzip der Erdkräfte wird das Wissen zum Leben erweckt und wir erhalten Kraft und neuen Raum.

Es heißt, Alant wachse bevorzugt auf Elfenplätzen in der Nähe von Gewässern. Überall dort, wo etwas ins Stocken geraten ist, bringt Alant es wieder zum Fließen. Darin zeigt sich auch der Bezug zum wässrigen Prinzip. Kandierte Alantwurzelstücke wurden früher als verdauungsfördernde Näscherei gerne verspeist, heute ist die Wurzel vor allem noch Bestandteil vieler Kräuterliköre.

Alant hat als uraltes Heilkraut eine Unmenge volkstümlicher Bezeichnungen und wurde sowohl medizinisch als auch magisch-religiös verwendet. Der lateinische Name *Inula* bedeutet *ausleeren* und *reinigen.* Sein Duft soll die modernen Dämonen wie Stress und Depression vertreiben können. Bei der Räucherung entsteht ein sehr angenehmes Aroma von Banane und frisch gebackenem Brot mit einer leicht veilchenartig-blumigen Komponente. Alant schafft eine schützende und helle Atmosphäre, die uns innerlich aufrichtet und mit unserer Lebenskraft verbindet. Jede Art von destruktiver Einflussnahme muss vor dieser Kraft zurückweichen und es nimmt nicht Wunder, dass Alant, zum Beispiel bei den Slawen und Wenden, als Bollwerk gegen Krankheit und bösen Zauber gesehen wurde.

In der Steiermark räuchert man noch heute am Christabend mit Alant. Früher wurde er auch zur Sonnenwendfeier hergenommen. Darin kommt sein direkter Bezug zu den Lichtkräften zum Ausdruck. Die Signatur der gelben Blüte mit dem strahlenumkränzten großen Zentrum könnte kaum besser das Abbild der Sonne widerspiegeln. Schleimlösend, befreiend von hinderlicher Schlacke und förderlich für das Wohlbefinden wirkt durch ihn die Kraft der Sonne. In der christlichen Symbolik steht die Pflanze denn auch konsequenterweise für die Erlösung durch das Licht Christi.

Erhältlich als Räucherstoff
Elementarkraft: Wasser
Schwerpunkt: Geist

Dammar
Shorea wiesneri / Canarium strictum

»Zauber der Helligkeit«

So zart, leicht und hell wie der Flügelschlag eines Engels schwebt dieser Duft im Raum – da müssen alle Schatten fliehen! Feinstoffliche Sphären erschließen sich dem nach Klarheit dürstenden Geist unter dem Zauber dieser Aromakraft. Der Geist kann sich aufschwingen in die endlose Weite der Ideenwelt. Das Sein wird durchlässig und transparent für den Wanderer zwischen den Welten.

Am Tor der Erkenntnis finden wir in Dammar den klassischen Repräsentanten für Transparenz als essenzielle Qualität. Durchlässigkeit schaffen, nicht in mentalen Tretmühlen gebunden sein, sondern den Gedanken ihren freien Lauf lassen – sie dürfen wie Wolken am Himmel vorüberziehen, während in uns die innere Ruhe und Zentrierung wächst. Das ist die Voraussetzung für eine allumfassende Wahrnehmung. Daraus entsteht die Konzentration auf das Wesentliche, der Kern der Dinge erschließt sich wie von selbst.

Wenn Sie von dunkler Stimmung beherrscht werden, kann eine Räucherung dieses Harzes den Umschwung bewirken. Der Duft wird Sie mit dem Feinstofflichen verbinden und Ihnen vielleicht sogar eine hellsichtige Wahrnehmung der inneren Zusammenhänge ermöglichen. Dammar ist ein merkurischer Räucherstoff, der analytische Fähigkeiten unterstützt. Er schafft die beste Voraussetzung, um an diesem Punkt des Zyklus das ganze Bild als Lage der Dinge mental zu erfassen und Unschärfen liebevoll zu akzeptieren. Die feinen Vibrationen ätherischer Kräfte sammeln sich und treten in Verbindung mit dem Suchenden, wenn es darum geht, den eigenen inneren Reichtum zu erschließen und zur Ruhe zu kommen. Dieses Harz ist wie ein Spiegel für die innere Befindlichkeit und verhilft zur Wahrnehmung festgefahrener Muster.

Dammar ist gut für Kommunikation jeglicher Art und Lernprozesse, er wirkt klärend, entspannend, balsamisch und leicht euphorisierend. Man kann deutlich wahrnehmen, wie dieser Duft über das Kronenchakra auf den Scheitelpunkt des Kopfes Einfluss nimmt. Es ist, als würde man davonfliegen, so leicht und hell tritt er auf. Möchten Sie mit

Lichtwesen wie Engeln in Verbindung treten, dann kann eine Dammarräucherung dieses Anliegen unterstützen. Die feinen Vibrationen ätherischer Kräfte sammeln sich und treten auf einer hohen Frequenzebene in Verbindung mit dem Suchenden. Die Räucherung mit Dammar wirkt sehr stark auf den mentalen Bereich und aktiviert eindeutig den Geist. Der helle, frisch-feine bis zitrusartige Duft erscheint wie ein Lichtstrahl und klärt diffuse mentale Zustände.

In Südostasien gilt Dammar traditionell als Räuchermittel für Schutz und Reinigung. Das Harz duftet zitronig, transparent, feinätherisch und ist stark stimmungsaufhellend. In der malaiischen Sprache bedeutet sein Name »Licht«. Dammar-Harz als solches hat lichtbrechende Eigenschaften und wird deshalb auch in optischen Zusammenhängen verwendet. Als Analogie bei der Brechung des Lichts in die ganze Farbskala des Regenbogens können wir wieder das Eine erkennen, welches sich in der Vielfalt ausdrückt.

Für die Anwendung von Dammar ist stets eine gute Erdung erforderlich, um diese besonders feinen Impulse auch im praktischen Leben nutzen zu können.

Erhältlich als Räucherharz
Elementarkraft: Luft
Schwerpunkt: Geist

Grapefruit
Citrus paradisi

»Abenteuer und Veränderung«

*Die gelungene Verschmelzung des Süßen mit dem
Bitteren ist das Geheimnis dieses Duftes. Seine anregende
Botschaft fordert uns dazu auf, uns dem Leben mit
allen Konsequenzen zuzuwenden und es als Abenteuer
anzunehmen. Es ist der Blick auf die Sonnenseite,
der unseren Geist motiviert und unsere Phantasie anregt,
die vielen Möglichkeiten des Lebens zu nutzen und die
nötigen Erfahrungen zu machen.*

Ablehnung und Rückzug vor der Außenwelt sind keine Lösung, verrät uns dieser Duft. Er führt uns am Tor der Erkenntnis mit starker Hand zum Licht und unterstützt uns dabei, das anzunehmen, was nun einmal gerade für uns an der Reihe ist.

Das Bittere geht hier mit dem Süßen in vollkommener Harmonie einher. Wenn Sie sich weder von einem noch vom anderen Extrem regieren lassen, sondern erkennen, dass die Sonnenseite der Dinge alle Gegebenheiten gleichermaßen wertvoll macht, dann ist das wahrlich ein paradiesischer Zustand – womit die Grapefruit ihrem botanischen Namen »Citrus paradisi« alle Ehre erweist. Davon berichtet dieser lustige kleine Wicht, der Optimismus versprüht. Eine euphorische Stimmung geht von ihm aus, die Ängste auflöst und jeglichen Trübsalsfluss zum Versiegen bringt.

Es geht ein umfassend aufbauender Impuls der Gelassenheit und Toleranz vom Duft dieser Frucht aus, der uns aufrichtet, unsere Lebenslust weckt und den Sinn für Abenteuer und Veränderung in uns wie eine Flamme entfacht, bei der jegliche Trägheit dahinschmilzt.

Die köstliche Duftnote, die aus den Schalen der Grapefruit gepresst wird, ist hell und klar, spritzig-frisch, bitter-süß und belebend. Das Öl ist von enormer fruchtiger Vielseitigkeit, als enthielte es alle anderen Zitrussorten ebenfalls. Das gibt unserer geistigen Verfassung einen Kick, der alle Müdigkeit verfliegen lässt und die Konzentrationsfähigkeit stark fördert. Sie werden wieder kristallklare Gedanken fassen können. Durch diese Transparenz werden sich Ihnen die tiefen Zusammenhänge offenbaren. Bei nervöser Erschöpfung erfrischt und zentriert der Duft. Leicht euphorisierend weckt er Lust auf Reisen, Abenteuer und spontane Veränderung des

Gegenwärtigen. Er berichtet von der Leichtigkeit des Seins und der Möglichkeit, mit dem, was das Leben an Erfahrung bietet, in Kontakt zu kommen. Ebenso bringt er uns aber auch nahe, dass alles so sein darf, wie es mag, und lädt uns zum wohligen Verweilen ein.

Die großen gelben Früchte sind auch auf körperlicher Ebene sehr gesund: Sie regen die Durchblutung, den Lymphfluss und den Stoffwechsel der Zellen an. Das ätherische Öl hat hautpflegende Qualitäten und generell hilft Grapefruit bei der Regelung des Kontaktes zwischen Innen und Außen. Das gleiche Prinzip zeigt sich auch in seiner förderlichen Wirkung auf die Verdauung. Der Austausch im Magen-Darm-Trakt steht für die Verwandlung fremder in körpereigene Stoffe. Tiefgreifende Veränderungen im äußeren Leben gehen oft mit Störungen im Verdauungsbereich einher. Grapefruit reguliert hier dergestalt, dass unsere Abwehr gegen das Neue und die veränderten Umstände abgebaut wird.

Erhältlich als ätherisches Öl
Elementarkraft: Luft
Schwerpunkt: Geist

Lavendel
Lavandula angustifolia

»Schwere flieht vor dem Licht«

*Verunreinigungen jeglicher Art abzuwaschen
und Ordnung wiederherzustellen, ist die große Fähigkeit
dieser Aromakraft. Wie eine kühlende und schützende Hand
legt sich ihr Duft ausgleichend auf heiße Prozesse.
Mentale Klarheit steht bei ihr in direkter Verbindung
zu aktivem (Feuerwehr-)Einsatz in der Körperwelt.
Sie führt uns zu der Erkenntnis, dass alle Begrenzungen
im Geiste überwunden werden können.*

Dieser in seiner Erscheinung zarte, im Aroma aber mächtige Führer am Tor der Erkenntnis verschenkt sich an das Leben, ohne sich in den Vordergrund zu drängen. Er klärt und vermittelt auf eine sanfte, zurückhaltende Weise, baut seelische wie körperliche Spannungen ab und macht Menschen Mut, die verzagt und ängstlich vor wesentlichen Entscheidungen zurückschrecken. Mit seiner Hilfe wächst unser Selbstvertrauen, negative Gefühle lösen sich auf und ein geklärter Kopf kann Ordnung in das emotionale Chaos bringen. Hierin liegt die spirituell-transformative Kraft dieser aromatischen Pflanze. Sie steht in Beziehung zu unserer Gedankenwelt und vermag begrenzende Vorstellungen, die wir uns vom Leben machen, aufzulösen und aus dem Weg zu räumen.

Schon die violette Farbe der Blüten signalisiert, dass hier ein Impuls kommt, der seelisch und körperlich entspannen lässt und Gelassenheit vermittelt. Als Notfallmittel bei Erste-Hilfe-Maßnahmen, bei Verbrennungen, Verstauchungen und Insektenstichen hat Lavendel sich schon vielfach bewährt, weil es den Heilungsprozess direkt unterstützt und gleichzeitig den Schmerz und die Aufregung deutlich mildert. Auf Lateinisch bedeutet »lavare« »sich waschen«. Darin liegt das reinigende Prinzip dieser Pflanzenpersönlichkeit. Sie kann in chaotischen Situationen einen kühlen Zustand der Ordnung, Ruhe und Ausgeglichenheit erzeugen.

Im frisch-süßen bis krautig-kampfrig duftenden ätherischen Öl des Lavendels ist ein sehr heller Dufteindruck zu finden, den Sie zur Reinigung und Klärung verwenden können.

Klarheit und eindeutige Entscheidung aus freiem Willen, zugunsten der Erneuerung des Lebens, das ist die Botschaft des Lavendel. Es schafft eine Atmosphäre der Reinheit. Die Vollkommenheit liegt hier in dem umfassenden Spektrum hilfreicher Qualitäten. Alle spannungsreichen Zustände werden zum Ausgleich gebracht, dabei wird auch auf die empfindsamste Natur noch Rücksicht genommen. In seinem Duft können wir die natürliche Vielfalt des Lebens erfahren und lernen, alles so anzunehmen, wie es ist.

Als eines der bewährtesten Volksheilmittel der Welt ist Lavendelduft fast jedem vertraut. Als aromatischer Rauch werden die Blüten bis heute Kirchenweihrauchmischungen zugesetzt. Das ätherische Öl ist sowohl als belebendes als auch als linderndes und beruhigendes Mittel im Einsatz und gilt als die vielseitigste Essenz überhaupt. Ob im Bewegungsapparat, im Kreislauf, in den Atemwegen, im Verdauungs- und Immunsystem, im Urogenitaltrakt oder im Nervensystem, immer stellt diese bescheidene Pflanze ihre ganze Kraft in den Dienst am Leben.

Erhältlich als ätherisches Öl und Räucherstoff
Elementarkraft: Wasser
Schwerpunkt: Geist

Lemongras
Cymbopogon citrates

»Das Neue ist willkommen«

*Lemongras ist der »Peter Pan« der Aromawelt.
In seiner Persönlichkeit paart sich Mut mit Intelligenz,
jugendlich-frisch tritt er den Herausforderungen des Lebens
entgegen. Geistige Beweglichkeit, verbunden mit praktischen
Fähigkeiten, schaffen die optimale Voraussetzung,
damit man aus jeder noch so problematischen Ausgangslage
etwas gewinnen kann.*

Für das Tor der Erkenntnis ist insbesondere die Kraft dieser Pflanze wichtig, sich klärend auf unsere Gedanken auszuwirken. Geistig-kreative Arbeit und der Gewinn neuer Erkenntnisse werden hier mit einer körperlich aktivierenden Botschaft verbunden, die wir in der erdigen Komponente wahrnehmen können und die hochfliegende Tendenzen in das reale Leben zurückführt.

Überhaupt unterstützt dieses Aroma den Verstand bei seiner Arbeit. Wann immer Ängste aus dem Untergrund der Gefühlssphären die Funktion des Verstandes boykottieren, nimmt Lemongras sich dieser Ängste an und löst sie auf, indem es die Sonnenseite des Lebens in den Vordergrund rückt. Wenn es uns an Mut mangelt, wichtige Entscheidungen zu treffen und tatkräftig voranzugehen, dann gibt es uns den Impuls, optimistisch auf die Möglichkeiten zu schauen, den eigenen Ideen Vertrauen zu schenken und das Neue willkommen zu heißen.

Für Morgenmeditationen und Situationen, wo Sie frischen Schwung benötigen, können Sie dieses Gras mit seiner öffnenden und anregenden Qualität gut einer Räuchermischung beifügen. Ein zitronig-inspirierender Dufteindruck entfaltet sich schnell, mit einer kraftvollen, aktivierenden Energie. Sonnige Frische steckt uns mit Freude und Inspiration an.

Die traditionelle Medizin Indiens kennt die heilende Wirkung des Lemongrases bei fiebrigen Infektionen. Ein beruhigender Einfluss auf das zentrale Nervensystem wurde von der modernen Forschung bestätigt. Ansonsten ist sein ätherisches Öl als antidepressiv, nervenstärkend und schmerzlindernd bekannt, und als Duftstoff wird es häufig in Seifen, Kosmetika und Parfüms, sowie in Nahrungsmitteln und

Getränken eingesetzt. Der grasige Zitrusduft mit erdigem Unterton kann auch Energiereserven aktivieren. Er erzeugt eine optimistische Stimmung und hilft uns Mittel und Wege zu finden, um diese Stimmung praktisch zu nutzen.

Erhältlich als ätherisches Öl und Räucherstoff
Elementarkraft: Feuer
Schwerpunkt: Geist

Wacholderbeere
Juniperus communis

»Ruhe, Kraft und Zuversicht«

*Den Tod zu überwinden, bedeutet symbolisch,
die Grenze zwischen Körper und Geist zu überschreiten.
Als herausragende Schutzkraft und zuverlässiger Wegweiser
dient der Duft der Wacholderbeeren dem Wanderer
auf diesem Weg. Er mahnt den Sucher, seine Vitalenergie
zu spüren, um im Wandlungsprozess achtsam und wach
voranzuschreiten und mit sich selbst Kontakt zu halten.*

Diese Aromakraft verhilft dem, der für sie offen ist, am Tor der Erkenntnis gegenwärtig zu sein und setzt dazu den Impuls des Handelns. Das verhutzelte alte Männchen ist nicht so steif, wie es zu sein scheint – Wachholderbeeren fördern Bewegung, heilen Gicht, Rheumatismus und Arthritis. Daraus können wir erkennen, welche Qualität wir für die Aufgabenstellung am Tor der Erkenntnis ableiten können: nämlich bewusstes Voranschreiten auf dem Weg durch die Wandlung. Dafür stärkt Wacholder die Ich-Kraft, damit wir den eigenen Anteil am Grossen Ganzen deutlicher spüren und uns in Respekt und Demut dem Leben hingeben können.

Die psychisch-seelische Resonanz auf diesen Rauch ist bemerkenswert. Er hat eine starke reinigende Kraft und öffnet Körper und Geist für visionäre Erfahrungen.

Der Volksmund bezeichnet seine Früchte als »heilige Beeren«. Sie lassen sich sehr gut im zerstampften Zustand räuchern, dann verbreitet sich ein wunderbarer aromatischer Duft, der die innere Präsenz stärkt, so dass der geklärte Blick uns die Dinge erkennen lässt, wie sie wirklich sind. Wir fühlen uns fähig, lähmende Tendenzen zu überwinden und selbstbewusst unsere Schritte zu setzen.

Diese starke Pflanzenpersönlichkeit lehrt uns, die Grenzen des Lebens zu überschreiten und uns dem Tod zu stellen. Ihre Beeren wurden immer wieder in ägyptischen Mumien gefunden. Ebenso hat man sie im Mittelalter bei Begräbnissen verbrannt, um dunkle Mächte fern zu halten. Der wunderbar kraftvolle, dunkel-aromatische Duft eignet sich für Abwehrräucherungen aller Art. Wacholder wurde gegen die Pest in den mittelalterlichen Städten verbrannt. Seine starke keimtötende und die Abwehr steigernde Kraft ist auch medizinisch anerkannt.

Wie der Name schon sagt, macht Wacholder außerdem *wach* und vermittelt neue Lebensenergie. Die reinigende und klärende Energie, mit der wir es hier zu tun haben, kann ein festes Fundament für jegliches Vorhaben schaffen und sich gleichzeitig gegen störende Einflüsse abgrenzen.

Als Schutzkraft und ein starker innerer Führer gegen schädigende Einflüsse ist der Geist des Wacholderrauches in den ethnischen Traditionen auf der Nordhalbkugel unseres Planeten immer schon von großer Bedeutung gewesen. Rituell werden Zweige, Beeren und auch das Harz (deutsches Sandarak) seit Urzeiten als unverzichtbarer Bestandteil schamanischer Kultur verräuchert und sollen magischen Schutz erzeugen. Es empfiehlt sich, zur Vorbeugung gegen Erkältungskrankheiten das Haus mit Wacholderbeeren auszuräuchern.

Wacholder ist eine der wichtigsten Zauberpflanzen auch in Deutschland. Im Jahr 2002 hat man ihn zur Pflanze des Jahres gekürt.

Erhältlich als ätherisches Öl und Räucherstoff
Elementarkraft: Feuer
Schwerpunkt: Geist

Weißer Copal
Bursera spp

»Aufstieg zur Sonne«

Der Mittler zwischen den Welten öffnet die Augen für die kosmische Schau und bereitet den Boden im Herzen vor, um die Saat des Lichtes zu empfangen. Das, was wirklich wichtig ist, kann auch die dunkelsten Winkel des Daseins durchfluten und kristallklaren Durchblick schaffen. Wer sich als Teil der göttlichen Vision begreift, für den lösen sich alle Grenzen auf.

Ein klarer und wacher Geist wird mit diesem aromatischen Führer am Tor der Erkenntnis geschaffen, damit wir Transparenz erfahren und einen Blick auf das Wesentliche werfen können, ohne dass dabei störende Gedanken oder Gefühle unsere Wahrnehmung trüben. So wird eine Öffnung zu den Lichtkräften möglich, gemeinsam mit der filigranen Gestalt der Elfe können wir hinauf zur Sonne steigen und uns ganz von der Weisheit des Lichts durchfluten lassen. Der Schritt, das erfahrene Wissen mit anderen Menschen zu teilen, ist die Aufgabe, an die uns diese Duftautorität erinnern will, ohne dafür feste Formen vorzuschreiben. Entscheidend ist die Unterstützung der lebendigen Entfaltung des Lebens.

Copal reinigt unsere innere Haltung und unterstützt die geistig-spirituelle Arbeit. Indem sein Rauch das Herz öffnet und zugleich den Geist klärt, kommen Ruhe und Frische zum heilenden Einsatz, insbesondere wenn gereizte Nerven die Wahrnehmung blockieren. Zum einen öffnet er die feinen Energiekanäle zum Wirkungsfeld der geistigen und kosmischen Welten, zentriert uns zum anderen aber auch im Tempel des Herzens, um empfangene Botschaften im inneren Gefäß aufnehmen zu können. Das ist eine gute Voraussetzung, wenn es um Visionssuche geht oder darum, Träume als Bilder der Seele im Bewusstsein zu verankern. Ebenso können Botschaften aus dem Herzen durch diese Verbindung auch an den Kosmos übergeben werden. Gebete, Danksagungen und gute Wünsche lassen sich mit Hilfe einer Copalräucherung sehr wirksam begleiten.

In den Urkulturen Mittelamerikas war Copalharz ein Räucherwerk, das für Initiationen und göttliche Vision verwendet wurde. Das Harz des Copalbaumes war im Sonnenkult der Mayas und Azteken der wichtigste Räucherstoff für magische, religiöse und medizinische Zusammenhänge. Im *Popol Vuh,* dem Weisheitsbuch der Mayas, heißt es, dass das Copalharz von der Erdgottheit aus dem Baum des Lebens gepresst und vom Jaguar *Quitze* überbracht wurde und den Gottheiten der Sonne darzubringen sei. So wurden bei allen großen Ritualen der Ort, die Teilnehmer, der Altar und die Opfergaben mit Copalrauch gereinigt und geweiht. In der rituellen Geheimsprache der Mayas heißt dieses Harz *pom,* was frei übersetzt »Gehirn des Himmels« bedeutet. Die Schamanen benutzten es zur Divination. Es wurde als »Nahrung der Götter« bezeichnet und galt als heilig.

Reinigung und Förderung der Hellsichtigkeit sind die heilsamen Qualitäten, die den hellen Copal für rituelle Zeremonien so wertvoll machten. Aber auch die medizinischen Eigenschaften, wie Schmerzlinderung bei Zahnweh oder infektiösen Schwellungen sowie seine Eigenschaft als gutes Mittel gegen Durchfall waren bekannt.

Für die Schamanen des Regenwaldes sind bestimmte Protium-Arten Begleiter in die heilende Extase. Als Schutzräucherung gegen magische Angriffe und Hexerei wird Copal heute noch im volkstümlichen Gebrauch verwendet. Der Duft zeichnet sich durch eine helle und klare, etwas zitronig-aromatische Anmut aus und lässt sich sowohl auf dem Sieb als auch auf Kohle gut alleine räuchern.

Erhältlich als ätherisches Öl und Räucherstoff
Elementarkraft: Luft
Schwerpunkt: Geist

·6·
Tor der Zuversicht

Der Glaube des Bewusstseins ist Freiheit

Ich schaffe mir durch vorausschauendes Verhalten
eine sichere Lebensgrundlage.

Vom Herzpunkt der Geistebene kommt an diesem Tor eine Botschaft, die Ihnen die Kraft gibt, allem Zweifel ein Ende zu setzen. Sie werden die wahre Bedeutung des Glaubens erkennen, der vom Wissen getragen wird. Ich spüre, dass ich vertraue! Durch dieses lebendige Spüren entsteht die Sicherheit, vom inneren Sinn des Lebens getragen zu werden und untrennbar mit dem großen Ganzen verbunden zu sein.

Zu wissen, wohin die Reise geht, ist mit dem Sinn des Weges untrennbar verbunden. Mit der Hilfe der Aromapflanzen können Sie sich an diesem Tor auf den Herzrhythmus des Lebens einstimmen. Das visionäre Licht im Herzen aufleuchten zu lassen, ist Forderung und Geschenk zugleich. Sich selbst etwas zuzutrauen wirkt dabei als Schlüssel zur inneren Kraft. Wie bei einem Nebelvorhang, der aufreißt und den strahlend blauen Himmel freigibt, kommen Sie plötzlich mit Ihren eigenen Fähigkeiten in Kontakt.

Leitsatz:

Die innere Führung in der eigenen Hand,
kann ich mutig und zielsicher voranschreiten.

Bergamotte
Citrus bergamia

»Der inneren Wahrheit vertrauen«

*Im Tempel des Herzens trifft dieser Duft den Punkt, an dem
sich aller Widerstand löst. Kraftvoll können wir mit seiner
Hilfe den Raum des Vertrauens erobern. Wir dürfen dort
sein, wo wir uns befinden, und gelangen dadurch in die
Kraft unserer eigenen Mitte. Das ist ein guter Grund, froh
zu sein. Unsere ganze persönliche Welt hellt sich auf, weil
unsere eigene Sonne strahlt. Mit einem derart klaren Kopf
ist es ein Leichtes, seinen Standpunkt einzunehmen und
Entscheidungen zu treffen.*

Die konzentrierte, lichtdurchflutete Pflanzenpersönlichkeit der Bergamotte verhilft uns zu geistiger Klarheit und macht uns damit entscheidungsfähig. Darin liegt der direkte Bezug zum Tor der Zuversicht, denn wir haben es mit einer Aromakraft zu tun, die uns mit fester Hand über die Abgründe der Verunsicherung und Orientierungslosigkeit führen kann, uns Halt in unserer eigenen inneren Struktur finden lässt und uns hilft Selbstvertrauen aufzubauen. Ängste verlieren dabei ihren unseligen Einfluss auf die Psyche. Menschen, deren Gedanken um mögliche Bedrohungen kreisen und die in ihrem inneren Dialog ständig alle möglichen Abwehrmaßnahmen durchspielen, finden in diesem Führer einen guten Entwicklungshelfer für das bitter nötige Vertrauen.

Von der seelischen Wirkung her lässt Bergamotte den Menschen in seine innere Mitte kommen und entspannen. Bei starker psychischer Anspannung hilft dieses Öl ganz außerordentlich, indem es innere Konflikte löst, die Stimmung aufhellt und belebend wirkt. Der Grund für die stark entspannenden und harmonisierenden Impulse liegt in seiner unmittelbaren Wirkung auf das zentrale Nervensystem und die damit verbundene Ausschüttung von Botenstoffen (Serotonin, Encephalin). Bergamotte weicht starres Festhalten an bestimmten Positionen auf, indem es unser verlorenes Selbstbewusstsein wieder aufbaut und uns in den Augenblick hineinführt, wo die eigene Sonne im Zenit steht.

Insbesondere in traumatischen Situationen kann dieser Duft als ein Notfallmittel eingesetzt werden, um innerlich wieder Boden unter die Füße zu bekommen. Die Bergamotte ist ein regelrechter Lichtbringer. Sie repräsentiert die Sonnenkräfte in ihrem revitalisierenden Einsatz. Dieser Bezug spiegelt sich auch darin, dass dieses ätherische Öl zu der Gruppe der phototoxischen Öle gehört, d. h. man darf es auf der Haut nur in sehr geringer Dosis anwenden, weil es die Sonneneinstrahlung um ein Vielfaches verstärkt und das Sonnenbrandrisiko erheblich erhöht. Ansonsten ist es eher hautfreundlich. Es setzt sich aus bis zu 350 verschiedenen Komponenten zusammen und übertrifft damit viele andere natürliche Duftstoffe an Komplexität. Das erfrischende Aroma belebt Körper und Geist, Kölnisch Wasser erhält durch es seinen typischen Duft und auch der englische Earl-Grey-Tee wird damit aromatisiert.

Auch als vorbeugendes Raumaroma bei Erkältungsgefahr oder als Massageölzusatz bei Verdauungsbeschwerden ist Bergamotte sinnvoll, da es entzündungshemmende und krampflösende Eigenschaften hat.

Erhältlich als ätherisches Öl
Elementarkraft: Luft
Schwerpunkt: Geist

Edeltanne
Abies alba

»Himmel und Erde verbinden«

*Etwas auszuhalten, beständig bei sich und der inneren
Lichtquelle zu bleiben und sich nicht von den Schatten
irritieren zu lassen, ist die Botschaft dieser Aromakraft.
Mit ihrem Duft empfangen wir das Licht der Liebe,
zugleich übermittelt sie uns die Aufforderung, es an den
Kosmos zurückzugeben. Dies ist die beste Grundlage,
auf der man sich den Gegebenheiten des Lebens stellen kann.
Das Licht reinigt den inneren Tempel und erhellt unser
Seelenleben, damit wir mutig voranschreiten können.*

Tief durchatmen und uns konzentriert den Gegebenheiten stellen, dazu fordert uns dieser aromatische Führer am Tor der Zuversicht auf, der auf den ersten Blick fast etwas unheimlich anmutet. Durch sein respekteinflößendes Erscheinungsbild wird er gerade zur unterstützenden Kraft für Situationen, in denen uns dunkle Mächte befallen: Gestärkt durch den freien Energiefluss und eine Öffnung zum Licht, fällt es uns leichter, von Phantomen Abstand zu nehmen. Zum Beispiel von der Vorstellung, wir seien von allen Seiten bedroht und alles hätte sich gegen uns verschworen. Die Lichtenergie der Tanne weist solche dunkle Phantasmen in ihre Schranken. Neue Lebenskraft fließt in uns ein und unsere Selbstheilungskräfte werden aktiviert. Schon im Erscheinungsbild der Tanne, einem Dreieck, das mit der Spitze nach oben weist, kommt der Lichtbezug symbolisch zum Ausdruck. Nicht von ungefähr wird die Tanne zum »Fest der Liebe« am dunkelsten Tag des Jahres mit brennenden Kerzen bestückt.

Der Duft schenkt uns den inneren Raum, um zu wachsen und unsere Ängste zu besiegen. Auf der psychisch-seelischen Ebene verleiht das Öl das nötige Selbstvertrauen, damit wir den Herausforderungen des Lebens mutig und zuversichtlich zu begegnen wissen.

Die Tanne kann im Unterholz einen »Schattenschlaf« von bis zu 100 Jahren, manchmal sogar noch viel länger aushalten. Wenn dann in der Oberschicht ein Baum stirbt, »küsst« das einfallende Licht diese »schlafende« Tanne sozusagen »wach«. Sie bildet ihre Schattennadeln in Lichtnadeln um und beginnt nach oben und in die Fülle zu wachsen.

Die Signatur spiegelt sich auch wunderbar klar in den besonderen Eigenschaften ihrer Duftessenz. Wachstumsmöglichkeiten und die Beseitigung von Hindernissen, die die Bewegung und Entfaltung einschränken, sind dementsprechend wesentliche Themen ihres Wirkungsfelds.

Das ätherische Öl aus Tannennadeln hilft bei Beschwerden des Bewegungsapparats (Muskeln/Gelenke) und kräftigt den Organismus. Es befreit die Atemwege und ist bei drohender Erkältung nützlich, um die Luft zu reinigen und Krankheitskeime zu vernichten. Körper und Geist werden gleichermaßen angeregt, alle Trägheit und Antriebsschwäche zu überwinden, während die innere Balance Einzug hält.

Erhältlich als ätherisches Öl und Räucherstoff
Elementarkraft: Luft
Schwerpunkt: Geist

Eisenkraut
Verbena officinalis

»Heilende Visionen«

Wir sollten in jedem Augenblick bereit sein, die innere Botschaft zu empfangen. Es gilt, die überschießende Energie aufzunehmen und umzuwandeln, um ohne Belastung einfach das zu sehen, was ist. Der Kontakt zur anderen Seite ist zu jeder Zeit möglich. Wir müssen uns nicht verkrampfen, um bestehen zu können. Sie dürfen sich Ihrer ganz persönlichen Wahrnehmung feinstofflicher Welten vertrauensvoll überlassen.

Eisenkraut baut Selbstzweifel ab, stärkt die Entscheidungsfähigkeit und vermittelt Selbstvertrauen, Mut und Zuversicht. Es unterstützt geistiges Arbeiten, was hilfreich ist, wenn es Ihnen darum geht, Ihren klaren Ausdruck zu finden. Und es weckt die schöpferische Energie, die Inspiration kann frei fließen. So ist seine aromatische Autorität am Tor der Zuversicht geeignet, den Suchenden an die Hand zu nehmen und in sein ureigenes visionäres Kraftzentrum zu führen. Hier kommt die Lösungsenergie wie von selbst zu uns, wenn diffus-ambivalentes Schwanken zwischen »wenn« und »aber« nur Erschöpfung und Zweifel hinterlassen hat. Durch unsere Hände, durch unser ganzes Wesen können wir unter seinem Einfluss unsere heilsamen Erkenntnisse mit anderen Wesen und der ganzen Schöpfung teilen. Die Signatur des Eisenkrauts spiegelt diese allgegenwärtige Entfaltungskraft dessen, was nicht stofflich sichtbar ist. Ohne in ihrem Erscheinungsbild dicht zu wirken, nimmt diese Pflanze doch ihren Raum sehr expansiv ein und verbreitet ihre Saat massiv.

Was für ein feiner und gleichsam derart intensiver Duftcharakter, so ernsthaft und doch auch so herzerwärmend! Eisenkraut ist als Räucherstoff zu empfehlen, wenn Sie die Reinigung von negativen Gedankenformen anstreben und stattdessen Mut und innere Stärke generieren wollen. Es lässt Angst und Unsicherheit verfliegen und empfiehlt sich als hervorragende Schutzräucherung, vertreibt die bösen Zauber und Gespenster und soll von den Druiden zum Wahrsagen und Prophezeien verwendet worden sein. Dem Volksglauben nach beeinflusst es auch die Träume.

Im Ritual kann die lösende und beschleunigende Wirkung von Merkur und Mars in der Gedankenkraft sowie die liebevoll-tröstende Wirkung von Venus im Herzbereich visualisiert werden. Das ermöglicht ein gezieltes Übertragen von Schutz- und Heilungsimpulsen in die materielle Welt. Durch seine besondere Beziehung zum Planet Venus soll es auch die Liebeskraft verstärken.

Wer diesem Räucherduft gegenüber offen ist, den nimmt es nicht wunder, dass Eisenkraut eine der 12 magischen Pflanzen der Rosenkreuzer und eine heilige Pflanze der Kelten war, die man verwendete, um göttliche Inspiration und Hellsichtigkeit zu erhalten. Sie hilft dem Menschen, zu handeln und die Herausforderungen des Lebens offen und angstfrei anzunehmen.

Die medizinische Heilwirkung des Eisenkrauts erstreckt sich auf die Atemwege und den Verdauungs- und Harntrakt, es hilft gegen Nieren- und Gallensteine, wird als homöopathisches Mittel aber auch bei Nervenleiden und Schlafstörungen eingesetzt. Als Bachblüte schätzt man es als wirksam bei überschießenden, allzu enthusiastischen Persönlichkeitsstrukturen.

Erhältlich als Räucherstoff und ätherisches Öl
Elementarkraft: Luft
Schwerpunkt: Geist

Goldcopal
Bursera spp.

»Das Leben empfangen«

Diese Aromakraft ist mit ihrer sensiblen Botschaft das Harz der Sonnenanbeter zum Lob und Preis der Schöpfung. Alle kreativen Fähigkeiten werden zum Leben erweckt und folgen der Lichtenergie in ihrem Tagwerk. Mit beiden Beinen fest auf dem fruchtbaren Boden seiner inneren Realität stehend, wird der Mensch zum Kanal der Lichtkräfte und sich seiner Bestimmung unmittelbar in Demut und Dankbarkeit bewusst.

Wenn es um Kontakt und Vertrauen zur eigenen Mitte geht, haben wir hier am Tor der Zuversicht einen einfühlsamen Führer zur Erweckung unseres inneren Potentials. An der Schwelle zur Verwirklichung unserer inneren Kraft durchbricht ein zarter, sonniger Strahl den Himmel und lässt unser Vertrauen in das Leben wachsen. Er löst die Vision eines Sonnenaufgangs im eigenen Inneren aus. Glaube wird zu Wissen, wenn das Herz sich öffnet und wir die Verbundenheit mit allem spüren und in der Folge über Gelassenheit und neue Energie verfügen.

Der zarte und sensible Duft dieses Harzes ist wärmer als der des weissen Copals und eignet sich sehr gut für Räucherungen, mit denen Sie die Inspiration fördern und die Phantasie anregen wollen. Es schwingt eine feine Süße in seinem Rauch, die Wärme und Geborgenheit vermittelt.

Kopal ist ein Sammelbegriff für unterschiedliche Naturharze aus aller Welt, die auch fossiler Art sein können. Der Name ist abgeleitet vom aztekischen »copalli« bzw. »copalquahuitl«. Der mesoamerikanische »copal oro«, bzw. auf Deutsch Goldkopal, entstammt ursprünglich als Harz eines dornigen Balsambaumes der großen Familie der Bursera-Arten.

In der indianischen Tradition dient Copalharz als Opfergabe und zu Reinigungszwecken, insbesondere in Heilritualen. Der Blick in die Zukunft und auf den Grund der Dinge sowie alle spirituelle Arbeit wird von der Räucherung begleitet. Abwehr von Krankheit und bösem Zauber ist ebenso ein häufiger Grund für die Anwendung. Bei den Inkas wurde dieser Copal der Sonne zugeordnet. Für die Mayas galt der Copal als »Harz des Himmels«, das für die Gegenwart göttlicher Kräfte stand und ihnen daher heilig war. Als Sinnbild der Schöpfungskraft wurde es zur Feier des Sonnenaufgangs geräuchert und seine Heilkraft wurde hoch geschätzt. Für weihevolle Rituale und spirituelle Anlässe verschiedenster Art ist Goldcopal gut geeignet. Er schafft Kontakt und Weitsicht zugleich, dient dabei aber auch als Schutzkraft gegen destruktive Einflüsse.

Erhältlich als Räucherharz
Elementarkraft: Feuer
Schwerpunkt: Gefühl

Lorbeer
Laurus nobilis

»Ausblick der Hoffnung«

Wille und Widerstandskraft werden durch das Vertrauen in den inneren Meister gestärkt. Lorbeer ist eine Aromakraft, die den Menschen zu seinem ganz persönlichen Ausdruck führt. Dieser Duft signalisiert Selbstsicherheit und Geduld in seiner Botschaft. Damit hilft er uns, Verneinung zu überwinden und die Pforten der Wahrnehmung am Tor der Zuversicht im rechten Augenblick zu öffnen, um zu Reife und Vollendung zu gelangen.

Dieser majestätisch-würdevolle Führer am Tor der Zuversicht beweist uns, dass wir die Schwelle in den Lichtbereich von Glaube und Vertrauen überschreiten können, wenn wir die eigene Mitte erspüren und den Kanal von der Krone bis zur Wurzel öffnen.

Lorbeer bietet sich zur Räucherung an, wenn Sie Ihre sinnliche Aufnahmefähigkeit steigern wollen und verdrängte Themen in der Gegenwart aufarbeiten. Er stärkt das Selbstbewusstsein und ist ein guter Vermittler zwischen dem Luft- und Wasserelement. Innere Weite tut sich mit ihm auf und neue Entwicklungsmöglichkeiten beginnen sich abzuzeichnen.

Auf den Kanarischen Inseln bildet der Lorbeerbaum ganze Nebelwälder, die wie grüne Lungen das Wasser aus der Luft filtern, dem Boden zuführen und damit die Quellen als Grundlage des gesamten Lebens vor Ort speisen. Es wird deutlich, dieser Pflanzengeist erzeugt Bewegung!

Offensichtlich geht es darum, dem Leben etwas abzugewinnen oder sogar abzuringen. Die Sinne werden geöffnet und der Geist wird befruchtet, um die Schönheit der Schöpfung zu offenbaren. Damit weist dieses Gewächs uns den Weg, wie wir mit unseren eigenen essenziellen Qualitäten in Kontakt kommen können. Wenn wir uns unseres spirituellen Seins bewusst werden, können wir den Zwang der Verneinung überwinden und von Gefühlen der Minderwertigkeit ablassen.

Das Lorbeerblatt ist zudem seit alters her ein Symbol für Ruhm und Ehre. Sieger wurden bei den Festlichkeiten mit einem Lorbeerkranz geschmückt. In der Antike wurde er für Reinigung und Weissagung geräuchert und wird häufig in Verbindung mit dem Orakel von Delphi erwähnt, wo sein Rauch als Brücke zwischen Traum und Wirklichkeit gedient haben soll. Er wurde dem Gott Apollon geweiht und hat etwas Berauschendes.

Außer als beliebtes Küchenkraut wurden die Blätter früher auch medizinisch bei Magen- und Verdauungsstörungen sowie gegen Fieber angewendet. Und selbst bei Pestepidemien im Mittelalter galt Lorbeer als das Mittel, das Heilung und Hoffnung zurückbringen konnte.

Erhältlich als Räucherwerk und ätherisches Öl
Elementarkraft: Luft
Schwerpunkt: Geist

Mastix
Pistacia lenticus

»In Kontakt mit sich selbst«

*Die Lichtbotschaft in diesem Duft trifft geradewegs ins
Herz. Aller Zweifel am Sinn des Ganzen verfliegt und ein
beflügelndes Gefühl von Geborgenheit und Getragensein
breitet sich in uns aus. In diesem Sinne wirkt der Götterbote
Hermes über die Aromakraft und schafft Vertrauen in
das Leben. Eine Perspektive lebens- und liebenswerter
Möglichkeiten öffnet sich als Vision vor unserem inneren
Auge, der Seele wachsen Flügel und alle Trauer schwindet.*

Als Helfer am Tor der Zuversicht unterstützt Mastix das Bestreben, den eigenen Anteil des Göttlichen in sich wahrzunehmen. Wenn wir die Sicherheit gewinnen, nie verloren zu sein, wird der Glaube zum Wissen. Treten wir mit der eigenen Essenz in Kontakt, führt uns das zum Urvertrauen.

Die goldgelben bis kristallklaren Harz-Tränen sehen aus wie kleine Sonnenperlen und duften im Rauch warmharzig. Der Bezug zum Licht der Sonne kommt im Wesen dieses Duftes deutlich zum Ausdruck. Sein Wirkungsfeld beschränkt sich jedoch nicht auf die den Geist erhellenden Aspekte. Er sinkt tiefer in uns hinein und erreicht die Ebene des Herzens. Die Nebel der Schwermut werden aus dem Herzen gefegt und neues Vertrauen in die lichten Seiten des Lebens kann entstehen. Die herzöffnende Qualität dieser »Sonnensaat« vermittelt uns Leichtigkeit und Lebensfreude, seelische Blockaden lösen sich auf.

Räucherungen mit Mastix machen wach und konzentriert, schenken Mut und Tatkraft. Die reinigende und stärkende Kraft dieses Duftes, der seit der Antike einen festen Platz in den Räucherrezepturen verschiedener Kulturen hat, ist ein mächtiger Schutzfaktor für das Leben. Wenn Sie schwache Momente überbrücken müssen oder ein harmonisches Ganzes schaffen wollen, ist der Geist dieses Duftes in der Lage, die Kräfte zu bündeln und zwischen Geist und Herz zu vermitteln.

In aussichtslos erscheinenden Situationen, wenn die Entscheidung schwer fällt, welches der richtige Weg ist und Sie von Zweifeln geplagt werden, ist Mastix in seinem Element. Er tritt störenden Gedanken ebenso wie irritierten Gefühlen mit Nachdruck entgegen und schenkt uns Ruhe und Klarheit. Der Blick auf das Wesentliche wird geschärft und das Handeln vom Herzen gesteuert. So kann sich die innere Vision einer positiven Perspektive, neuer Ideale und einer besseren Zukunft manifestieren. Geräuchert soll der kräftigende Duft Hellsichtigkeit fördern und zur Schau des Übersinnlichen führen.

Erhältlich als ätherisches Öl und Räucherstoff
Elementarkraft: Wasser
Schwerpunkt: Geist

Petitgrain
Citrus aurantium var. amara

»Führung der Seele«

Dem guten Hirten dürfen wir getrost folgen. Diese Aromakraft als Symbol für Ruhe und Ausgeglichenheit sorgt dafür, dass wir den Dingen entspannt und gelassen entgegenschauen können. Im Wissen um den Rhythmus der gesetzmäßigen Veränderung liegt der entscheidende Impuls. Wie dunkle Wolken ziehen die Probleme davon und geben der neuen Vision von einer unbelasteten Zukunft den notwendigen Raum.

Als Helferinstanz am Tor der Zuversicht vertreibt dieser Duft die dunklen Wolken der Depression und Lethargie aus unserer Gefühlswelt. Wer ein tiefes Tal durchquert hat, dem wird Petitgrain eine gute Hilfe sein, um wieder Fuß zu fassen und zu einer positiven Ausrichtung und zur inneren Ausgeglichenheit zurückzufinden. Kreatives Denken und klare Wahrnehmungsfähigkeit werden gefördert und begrenzende Vorstellungen zugunsten von Gelassenheit aufgelöst. Mentale Ruhe kann wohltuend einkehren, wenn alle Irritation verflogen ist. Die vornehmste Aufgabe dieser aromatischen Autorität ist es also, aus Nervosität und Angstzuständen herauszuführen. Alle verengten Zustände des Herzens spiegeln sich letztlich im Körper wieder.

Einen optimistischen Ausblick auf das Leben zu finden wird sich auch wohltuend auf den Bewegungsablauf schmerzhaft behindernder Symptome wie Gelenkentzündungen, Arthritis und Rheuma auswirken. Wer das Leben mit Freude annimmt, wird sich kaum im Zweifel verlieren und damit Reibungsverluste in Kauf nehmen. Es ist die Hingabe an den Moment im Hier und Jetzt, die den Blick weitet und zur Vision führt. Vertrauensvoll vorangehen, das ist die Devise dieses Duftes.

Im psychisch-seelischen Bereich vermittelt der Duft des Petitgrain neue Möglichkeiten. Wenn Spannung in der Luft liegt und dennoch keine Bewegung möglich ist, vermittelt sein Geist die nötige Schubkraft, um den Prozess in Gang zu setzen. Das kann bei nervöser Erschöpfung und durch stressbedingte Schlaflosigkeit und Angstzustände eine wertvolle Hilfe sein. Wenn Sie krampfhaft in Ihre inneren Konflikte verwickelt sind, bedarf es einer starken Hand, wie sie uns dieser Duft bietet. Müdigkeit verfliegt, nervenstärkende und krampflösende Eigenschaften schaffen die Voraussetzung, damit wir uns auf Menschen und Situationen einlassen können, so dass wir letztlich die Dinge so anzunehmen bereit sind, wie sie sind. Schuldgefühle nützen zu gar nichts.

Besonders wegen seiner desodorierenden und erfrischenden Qualität durfte das Öl des Bitterorangenbaums in der Rezeptur des Kölnisch Wassers nicht fehlen. Der kräftigende Duft verbindet in sich holzig-florale und zitrusartige Elemente. In der Aromatherapie schätzt man die antiseptische und aufbauende Wirkung ebenso wie die stark beruhigenden Eigenschaften dieses Öls. Wenn Zorn und Aggression die Atmosphäre belasten, kann dieser Duft für Entspannung sorgen.

Medizinisch steht bei diesem Stoff die »Verdauung« im Vordergrund. Bei Magenverstimmung, Nervosität, Angstzuständen und Schlaflosigkeit schafft dieses Öl Ruhe und Ausgeglichenheit. Appetitlosigkeit als Zeichen mangelnder Handlungsfähigkeit und eines schwachen Immunsystems wird entgegengewirkt.

Erhältlich als ätherisches Öl
Elementarkraft: Luft
Schwerpunkt: Geist

·7·
Tor des Lernens

Weisheit liegt in der Hingabe an den allumfassenden Plan

Ich nutze alle Möglichkeiten
und genieße das Leben in seiner Vielfalt.

Neues freudig aufnehmen und mit Optimismus in die Zukunft schauen, so lautet die einfache Botschaft dieses Tores. Die Fülle der möglichen Erfahrungen, die Sie hier erwarten, ist immens und dennoch können Sie ihnen ruhig und gelassen entgegenblicken, denn die Logik des Weltenplans sieht vor, dass jeder Mensch unweigerlich genau das erlebt, was für ihn im gegebenen Moment von Bedeutung ist. Diese einfache Erkenntnis ist essenziell auf dem Weg zur Weisheit und erlaubt es uns, allen neuen Erfahrungen aufgeschlossen, konstruktiv und gelassen zu begegnen. Die Düfte an diesem Tor sind in der Lage, Aufbruchsstimmung und Lust auf das Neue auszulösen und unterstützen uns dabei, uns von hinderlichen Vorstellungen zu befreien.

Leitsatz:

Der Weg ist das Ziel und
alles kommt zu seiner Zeit.

Elemi
Canarium luzonicum

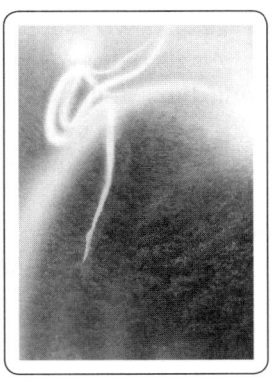

»Aufbruch zu neuen Ufern«

*Hier ist der Ruf nach Abenteuer und neuer Erfahrung
zu vernehmen. Es gibt so vieles zu erforschen, dass keine
Zeit zu verlieren ist! Der Aufbruch nach außen ist zugleich
Beginn der Reise nach innen, wo die wahren Geheimnisse
darauf warten, vom wachen Geist entdeckt zu werden.
Der in sich ruhende Suchende lässt die nötige Achtsamkeit
walten, um zu erkennen, dass innen und außen
die zwei Seiten einer Goldmünze sind.*

Am Tor des Lernens stellt sich unter dem Einfluss dieses Pflanzengeistes ein euphorisches Gefühl ein und vor unserem erstaunten Auge breitet sich das visionäre Panorama möglicher Lebenswege aus. Wo soeben noch Dunkelheit geherrscht hat, wird plötzlich der Vorhang aufgerissen und die helle Morgensonne durchstrahlt den ganzen Raum. Das setzt den Fluss der Lebenskräfte in Gang und wir können neuen Herausforderungen mit Optimismus entgegenschauen. Konzentriert und wach können wir unseren Geist nutzen, unseren Blick schärfen, alte Fesseln abwerfen, unserem unmittelbaren inneren Impuls folgen und den Aufbruch zu neuen Ufern wagen.

Dieser ätherisch-lichte Lehrer aus dem Pflanzenreich gilt als fähig und sehr weise. Er kann dem Menschen die Gabe verleihen, alles in Gold zu verwandeln, was er berührt, wenn er es nur achtsam tut. Ein klarer Kopf und inneres Gleichgewicht sind unverzichtbar, damit Sie diese Fähigkeit erlangen können. Dafür schafft der Pflanzengeist des Elemi die nötigen Voraussetzungen, indem er kräftigend und zentrierend den Übenden unterstützt. Er ist ein meisterlicher Begleiter in der Meditation und hilft uns den mystischen Raum und die geheimnisvollen Seiten des Lebens in uns selbst zu erforschen. Das Licht des Geistes taucht in die Tiefen des magischen Innenlebens und verschmilzt dort mit allem, was ist.

Hell und aufreizend, mit feuriger Schärfe, vermittelt der aromatische Rauch dieses Harzes einen Hauch von Abenteuer und den Reiz des Fremdartigen. Wenn Sie erschöpft sind oder wenn geistige Aktivität gefragt ist, kann Ihnen dieser frisch-grün klärende Duft einen kraftvollen Energieschub liefern. Die erfrischenden Eigenschaften dieses Materials sollen auf die Energiezentren (Chakren) des Menschen aktivierend und reinigend wirken. Sie erhellen die Stimmung stark und heben den gesamten Energiepegel deutlich an. Das ist wie ein positiver, hoffnungsfroher Wink des Lebens – die Einladung, von den vielen Möglichkeiten, die es bietet, Gebrauch zu machen.

Elemi ist ein tropischer Baum auf den Philippinen und den Molukken, das grün-waldig, würzig-frisch duftende ätherische Öl wird aus seinem Harz gewonnen. Manchmal wird sein Aroma auch als zitronig mit ingwerartig-gurkigen bis weihrauchigen Nuancen beschrieben. Es heißt, schon die alten Ägypter hätten es zur Einbalsamierung vor der Reise ins Jenseits verwendet. Auch viele alte Räucherrezepturen für Reinigung und Klärung erwähnen Elemi als Zutat.

Erhältlich als Räucherstoff und ätherisches Öl
Elementarkraft: Feuer
Schwerpunkt: Geist

Kiefer

Pinus sylvestris, Pinus montana

»Im Spiel bleiben«

Dies ist der Lichtsucher und Windtänzer, der mit größter Zähigkeit am Leben hängt. Kein Boden ist ihm zu karg und kein Klima zu rau, um ihm nicht doch noch etwas Vergnügen abringen zu können. Den Reiz der Bewegung und Weiterentwicklung propagiert diese Aromakraft, in ihrer Botschaft von Flexibilität und Durchhaltevermögen. Naivität und uralte Weisheit kommen in der holzig-harzigen Duftbotschaft der Kiefer zum Ausdruck.

Für Verbrennung und Verwandlung, wenn uns die Puste auszugehen droht, arbeiten Luft und Feuer im Wesen dieses Duftes am Tor des Lernens Hand in Hand. Wenn es einmal eng für uns wird und der Weg steil, dann bringt es Kraft und Lebensfreude mit einem tiefen Atemzug ins Spiel – und es geht wieder weiter. Die Beziehung zwischen Körper und Geist (Saturn-Merkur) wird gestärkt und eingeengte Zustände mit Luft und Weite gelöst. Und auch der Bezug zum Feuerelement ist nachvollziehbar: Die Entzündbarkeit des »Kienspan« ist sprichwörtlich.

Alle Kiefern stellen einen hohen Anspruch an den Lichtgenuss. Mit ihrem breit gefächerten und weitreichenden Wurzelwerk können sie sich unter ungünstigsten Bedingungen in Sanddünen oder felsigem Geröll, trockenem oder feuchtem, kaltem oder warmem Terrain am Boden festklammern und kommen auch mit einem Minimum an Nährstoffen zurecht, wenn sie nur ausreichend Licht zur Verfügung haben.

Räucherungen mit dem Harz wird eine kräftigende und wärmende Wirkung zugesprochen, die den Körper energetisieren, den Geist entspannen und dem Herzen Freude vermitteln. Alle diese Qualitäten spiegeln sich in der süßlich-intensiven Duftbotschaft dieser Pflanze.

Schon im altgermanischen Baumkult galt die Kiefer als ein Symbol der Ausdauer und Überlebenskraft, und das Harz als »Waldweihrauch«, der Ruhe und Besänftigung schenkt. So wird sie im deutschen Volkstum als Schutzkraft gegen krank machende Einflüsse, magische Anschläge und Hexerei gesehen. Ihr Harz stärkt das Herz und reinigt die Atmosphäre. Medizinisch gilt die Kiefer als anregend und keimtötend. Bei Atemwegserkrankungen oder rheumatischen Beschwerden soll der Duft aromatherapeutisch unterstützen.

Die immergrüne Konifere, die in ganz Europa, Russland und den USA heimisch ist, steht in dem Ruf, sich auch mit kargen Standorten zufrieden zu geben. Die Bergkiefer *(Pinus montana)* und die Latschenkiefer *(Pinus mugo)* sind anspruchslose kleinere Bäume, die sich in Grenzzonen bis zu 2300 m Höhe in Zwergform ansiedeln. Es sollen auch die ersten Baumarten sein, die nach der Eiszeit in Nordeuropa wieder heimisch wurden. Man findet sie auch heute durchaus noch bis in Gletschernähe. Sie sind äußerst anpassungsfähig, weisen eine Vielfalt an Formen auf und haben eine starke Beziehung zum Wind, der in ihren langen, weichen Nadeln singt. Sie enthalten ein ätherisches Öl von besonderer Qualität, geprägt von den speziellen elementaren Bedingungen, unter denen diese Varianten der Kiefernfamilie überleben können. Ihr kräftiger, harzigwaldiger Duft stimmt friedlich, er beruhigt und stärkt unser Anpassungsvermögen an extreme Belastungen. Er verhilft uns, tief durchzuatmen.

Erhältlich als ätherisches Öl und Räucherstoff
Elementarkraft: Luft
Schwerpunkt: Geist

Limette
Citrus aurantifolia

»Dem Lichtstrahl folgen«

Durch Lichtheilung dunkle Zustände zu verwandeln, ist die vornehmste Aufgabe dieser Aromakraft. Mit prickelnd-lebendigem Enthusiasmus rückt sie verstockten und blockierten Zuständen auf den Leib und ruht nicht eher, als bis die Situation in neuem Glanz erstrahlt und die Energie frei fließt. Eine optimistische Haltung zum Leben ist für diesen Duft unverzichtbar.

Limettenduft ermuntert und aktiviert die Lebensgeister, wenn wir uns in verstaubte Bereiche verstiegen haben und den Weg zum Licht nicht mehr finden können. Als Helfer an der Schwelle zum Tor des Lernens führt er uns direkt in das bunte Treiben und inspiriert uns, einen optimistischen Ausblick zu gewinnen und aus dem Füllhorn der vielfältigen Möglichkeiten zu schöpfen.

Auf der psychisch-seelischen Ebene ist der Einfluss dieses Duftes ganz eindeutig: Es ist das Öl mit der höchsten Schwingungsrate, das uns überhaupt zur Verfügung steht. Ein äußerst spritziger, sehr heller, reinigender Duft, der die regenerierende Lebenskraft des Sonnenlichtes bis in die dunkelsten Winkel unserer Seele trägt. Alle Schatten von Schwermut oder Unlust werden im Nu verscheucht, wenn die hellen Strahlen dieser Duftbotschaft die diffusen Zustände von einem Moment auf den anderen transparent werden lassen und für klaren Durchblick sorgen.

Mit seinem Äskulapstab ist dieser Pflanzengeist ein richtiger kleiner Doktor mit dem Wunsch, dem Menschen Gutes zu tun! Der anregende Duftimpuls unterstützt insgesamt den Stoffwechselprozess und arbeitet gegen alle Zustände, die den freien Energiefluss blockieren. Wir können ihn als einen energetischen Durchputzer bezeichnen. Versuchen Sie im Falle von Übelkeit oder Reisekrankheit einmal, einen Tropfen zwischen den Handflächen zu verreiben und die Hände dann vor das Gesicht zu halten und tief einzuatmen. Das sorgt bisweilen für unmittelbare Abhilfe.

Die Volksmedizin kennt die Wirksamkeit aller Teile dieses Baumes – Blätter, Rinde und Früchte – gegen Erkältung, Husten, Verdauungsstörungen, Schnittwunden, Muskelkrämpfe und Kopfschmerzen. Die Aromatherapie schätzt das ätherische Öl für seine wohltuende Wirksamkeit im Körperbereich bei Infektionen und Verkrampfungen der Atmungsorgane und Blutgefäße, bei Magen-Darmproblemen, Rheumatismus und Entzündungen. In der Hautpflege ist es insbesondere zur Straffung der Haut bei Cellulitis beliebt. Auch die Parfümerie ist sehr an dem ätherischen Öl der Limette interessiert, die Einsatzbereiche dieser spritzigen Muntermacher-Note für Reinigungsmittel, Seifen, Kosmetika und Parfüms sind reichhaltig.

Erhältlich als ätherisches Öl
Elementarkraft: Luft
Schwerpunkt: Geist

Litsea Cubeba
Litsea cubeba

»Verlockende Schönheit«

Wie eine frische Brise im Frühling verbreitet sich dieser kraftvolle Impuls aus Zitrone, Honig und Blütenduft. Unmittelbar nimmt er Einfluss auf unsere Seele und zaubert wie ein heller Sonnenstrahl alle Niedergeschlagenheit weg. Eine bunte Palette von Entfaltungsmöglichkeiten tut sich auf und lädt uns ein, uns erwartungsfroh auf alles einzustimmen, was das Leben an positiven Überraschungen für uns bereithält.

Hier bietet sich uns eine betörend-schwebende Schönheit zur Führung am Tor des Lernens an, die optimistisch stimmt und uns neue Handlungsmöglichkeiten sehen lässt. Es ist ein Fingerzeig, der Sie anregen möchte, die erotischen Seiten des Lebens wahrzunehmen. Die Schönheit der Schöpfung und der Reiz des Neuen werden auf ruhige Weise unserem Bewusstsein nahe gebracht. Das bringt jugendlichen Schwung, ohne das emotionale Gleichgewicht durch Rastlosigkeit zu gefährden. Jegliche Anspannung schwindet dahin und löst sich auf.

Wenn Lethargie und Lustlosigkeit melancholisch schwer auf dem Gemüt lasten, vermittelt Litsea cubeba mit ihrem süßen Duft die aufhellende Botschaft neuer Energiequellen. Muffig-dunkle Ecken des eigenen Innenlebens können Sie mit diesem Pflanzenhelfer radikal aufdecken und auskehren. Alles, was sich verstockt und undurchlässig dem frischen Wind entgegenstellt, wird einfach weggeblasen, bis die Luft klar und sauber ist. Konzentrationsfähigkeit und zielgerichtetes Denken ermöglichen Ihnen in der Folge den nötigen Ausblick, um in Ruhe eindeutige Entscheidungen für Ihr Leben treffen zu können.

In der chinesischen Medizin hat diese Pflanze einen außerordentlich hohen Stellenwert, so wird der größte Teil der Produktion auch im eigenen Land verbraucht. Wurzel und Stamm dienen zur Behandlung von Menstruationsstörungen, Verdauungsproblemen, Muskelschmerzen und Reisekrankheit. Auch bei nervöser Anspannung, Rhythmusstörungen, Bluthochdruck und anderen Stressfolgen hat sich diese Pflanzenmedizin bewährt.

Durch den straffenden und verjüngenden Einfluss auf die Haut sowie als Deodorant ist das ätherische Öl für die

Kosmetik sehr interessant. Es duftet sehr frisch, zitronigsüß und entfaltet einen sehr anregenden, aufbauenden Einfluss auf die Psyche. Müdigkeit verfliegt, Angst- und Depressionszustände werden abgemildert – der Frühling hält wieder Einzug in unser Leben, mit seiner hoffnungsvollen Botschaft.

Erhältlich als ätherisches Öl
Elementarkraft: Luft
Schwerpunkt: Geist

Rosmarin
Rosmarinum officinalis

»Unbeschwerte Tatkraft«

Ein starker Impuls, die Initiative in die Hand zu nehmen und sich auf eine kindlich-unbändige Weise dem Leben hinzugeben, geht von diesem Duft aus. Mit naivem Charme warten wir gespannt auf das süße Leben. Begeistert von der Vitalität der Vereinigung mit Felsen, Sonne und Meer schlagen wir lachend alle dunklen Aspekte in den Wind. Die helle, leichte Aura des Geschützten umgibt unter seinem Einfluss alles, wie ein Versprechen ewiger Jugend.

Diese Pflanze liefert den Feuerimpuls am Tor des Lernens. Ihr Duftwesen ist als Stimulanz für Geistesarbeit und Schutzkraft zu begreifen. Das spirituelle Thema ist die Arbeit, die einer konzentrierten mentalen Ausrichtung folgt, die Willenskraft unterstützen und die Lebensfreude wecken soll. Es geht darum, dass wir bewusst in die Veränderung treten und den geistigen Impuls wahrnehmen, der aus der feinstofflichen Welt kommend auf die Entfaltung des Lebens zielt. Einerseits fordert Rosmarin uns auf, Zustände auszuhalten, die wir aber andererseits auch schöpferisch motiviert verändern sollen. Ich-Bewusstsein und Geisteskraft werden gestärkt, um nicht zu verharren, sondern aus dem inneren Gleichgewicht heraus zur Tat zu schreiten.

Sein heißwürziger, vielen Menschen sehr vertrauter Dufteindruck aktiviert kämpferische Energie. Sich etwas zuzutrauen und Herausforderungen mutig entgegenzutreten, vermittelt der aromatische Einfluss dieses kecken, farbkräftigen Fauns. Seine Botschaft für uns heißt, bewusst in die Veränderung zu treten und den geistigen Impuls wahrzunehmen. Ich-Bewusstsein und Geisteskraft werden gestärkt, nicht um zu verharren, sondern um zu handeln.

Rosmarin ist ein Strauch, der »versucht ein Baum zu sein«. Er entwickelt bisweilen schon einen verholzten Stamm und so etwas wie eine Krone. Damit verkörpert er in seinem Erscheinungsbild das Thema der Verwandlung und Erneuerung. In ihrer Ganzheit steht diese Pflanze für den energetischen Impuls in einem Prozess, der durch eine Transformationsphase geht. Zähigkeit und Ausdauer in Verbindung mit einer sensiblen, kontaktbereiten Seelenkraft kommen in der ledernen Beschaffenheit seiner nadelartigen Blätter in Verbindung mit der zarten, blau-weißen Blütenfülle zum

Ausdruck. Ebenso zeigt sich das Seelenwesen der Spannung aus Feuer und Wasser in der intensiven Duftentfaltung, wenn der Tau unter den Strahlen der Morgensonne verdunstet.

In der menschlichen Kulturgeschichte beeindruckt die Vielfalt der Anwendungen dieser mediterranen Aromapflanze. Rosmarin ist eine der ältesten Räucher- und Kräuterpflanzen. In der Antike sah man sie auch als Pflanze der Liebe und weihte sie der Göttin Aphrodite.

Von Magie über Kosmetik und Küche bis zur Heilkunde zieht sich die Spur des Rosmarins. Ob heilige Stätten im alten Griechenland zu weihen waren, böse Geister und Pest im Mittelalter abzuwehren oder medizinisch Störungen von Atemwegen, Kreislauf, Leber, Verdauung, Haarwuchs oder Muskel- oder Nervenschmerzen behandelt werden sollten, immer ist Rosmarin ein breites Wirkungsspektrum zugeschrieben worden. Die Beweglichkeit des Körpers unterstützt er ebenso wie die Funktion des Herzens und des Verdauungssystems. Er ist der wahre Tausendsassa unter den Aromakräutern. Alles, was den Bewegungsablauf im Körperlichen schmerzhaft beeinträchtigt, wie Muskelkater und rheumatische Beschwerden, kann mit Rosmarinöl dank seiner die Durchblutung fördernden Eigenschaften gelindert werden.

Erhältlich als ätherisches Öl und Räucherwerk
Elementarkraft: Feuer
Schwerpunkt: Geist

Teebaum
Melaleuca alternifolia

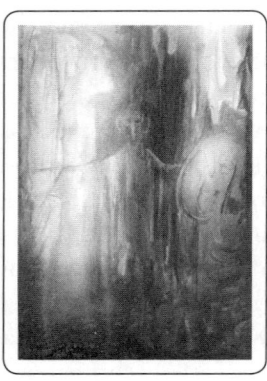

»Den Ruhepunkt finden«

Dieser Aromaimpuls führt vom Dunkel in das Licht. Wer sich in den Sümpfen und Abgründen seiner selbst verloren hat, wird von dieser Kraft zu einem festen Punkt seines Innenlebens zurückgeführt. Mit gestärkter Abwehr und einer ruhigen, ausgeglichenen Seelenlage haben Sie sich die besten Voraussetzungen geschaffen, um sich selbst neue Räume zu erschließen und Ihre wahren Wünsche und Bedürfnisse klar zu erkennen und zu befriedigen.

Wer ängstlich und unsicher auf eine unüberschaubare Fülle von Möglichkeiten blickt, den wird Teebaum als Führer an diesem Tor innerlich aufrichten. Der jahrtausendalte weise Baumgeist stärkt unsere Persönlichkeit, schärft unseren Blick und stellt die Verbindung zu unseren eigenen Wurzeln her, um uns so zu der Erkenntnis zu führen, was wir in Wahrheit sind. Damit können wir uns von den Fesseln der Nacht befreien.

Das Thema am Tor des Lernens liegt hier in der Bereitschaft, neue Räume einzunehmen, die für das Dasein gebraucht werden. Über die geistige Ebene erreichen wir, dass der Zufluss von Kraft energetisch zum Tragen kommen kann. Teebaum aktiviert das logische Denkvermögen und stellt auf diese Weise ein zielgerichtetes Handeln sicher.

Der psychisch-seelische Einfluss dieser Duftpersönlichkeit hat viel mit dem Aufbau von Ich-Kraft zu tun. Insbesondere bei Nervosität und innerer Unruhe, wenn man sich überfordert fühlt und unfähig ist, Entscheidungen zu treffen, verhilft der Duftimpuls zu neuem Selbstvertrauen. Lebensfreude kommt auf und unser seelisches Gleichgewicht wird gestärkt, damit wir den vielschichtigen Angeboten des Lebens mit aufgeschlossener Haltung begegnen können.

Verwendet wird von diesem Baum das durch Wasserdampfdestillation gewonnene ätherische Öl, das einen eigentümlich medizinisch-strengen Duftcharakter besitzt. Für die Aborigines, die australischen Ureinwohner, hat die Heilkraft dieses Baums eine lange Geschichte. Der Duft verkörpert die Botschaft einer mythischen Pflanze aus der Traumzeit. Stärke und Durchsetzungsvermögen vermittelt er als geistig-seelische Qualitäten. Sie sollen uns helfen, wieder mehr Achtung und Respekt vor uns selbst und der

Schöpfung zu erlangen und ermöglichen es uns, den wahren inneren Standort zu wählen, neue Räume zu öffnen und zu den Wurzeln zurückzukehren, um Frieden zu finden.

In der Aromatherapie ist Teebaum neben Lavendel als eines der vielseitigsten ätherischen Öle anerkannt, was das körperliche Anwendungsspektrum betrifft. Bei Pilzbefall und im Kampf gegen Viren und Bakterien hat man damit gute Erfolge erzielt. Entzündungen, Wunden, Prellungen, Sonnenbrand, Hautbeschwerden aller Art, Insektenstiche und Erkältungskrankheiten lassen sich als Erste-Hilfe-Maßnahme damit behandeln. Und auch das Immunsystem wird gestärkt und Muskelverspannungen werden gelindert, da das Öl die Durchblutung fördert.

Erhältlich als ätherisches Öl
Elementarkraft: Erde
Schwerpunkt: Geist

Wacholder Himalaya
Juniperus macropoda

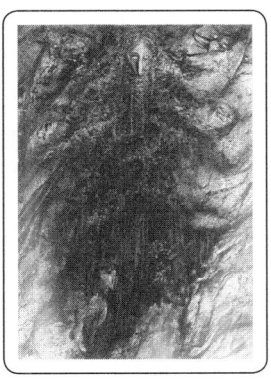

»Zu sich selbst finden«

Harter Felsstein und luftige Höhe prägen diese Aromakraft. Dieser würdevolle Duft ist ein Führer in die Integrität und Unabhängigkeit, er kann uns den großen Überblick verschaffen und uns zugleich stark zentrieren. Wer Ausblick auf die Vielfalt der Möglichkeiten des Lebensweges sucht, ohne sich dabei selbst zu verlieren, findet hier einen kraftvollen Meister für das Überschreiten der Grenzen nach außen wie nach innen.

Zur Verfeinerung der Sinneswahrnehmung ist das Räuchern von Himalaya-Wacholder bei der Visionssuche zu empfehlen. Mit starker Hand führt diese Duftautorität den Suchenden am Tor des Lernens in den Bereich des Übersinnlichen und lässt ihn die Einheit mit der Natur erfahren. Mehr denn je ist an dieser Stelle ein respektvoller Umgang mit der Pflanzenessenz ins Gedächtnis zu rufen. Deutlich können Sie die erhabene Präsenz starker spiritueller Kräfte in diesem aromatischen Eindruck spüren. Es ist, als würde der innere Blick geweitet und wir könnten von hoher Warte auf die vielschichtigen Manifestationen materieller Lebensfülle schauen. Wir nehmen Teil und sind zugleich Beobachter.

Es gibt kaum einen besseren Begleiter, wenn es darum geht, neue Räume zu erforschen und Möglichkeiten des Lebens auszuloten. Innerlich und äußerlich schafft dieser Duft einen gereinigten und geschützten Raum, in den der Mensch sich zurückziehen kann, um seine ureigene Vision entstehen zu lassen.

Der Hochgebirgswacholder strahlt einen erhabenen Duft aus, durch den sich eine starke elementare Kraft ausdrückt. Weitblick und Souveränität gehen mit ihm einher. Die Abwehr negativer Einflüsse gilt für diese Pflanze in jeder Hinsicht. Die geräucherten Zweigspitzen wirken desinfizierend und reinigen die Luft auch von sehr unangenehmen Gerüchen. Der Rauch wird »Nahrung der Götter« genannt und hat eine spezielle Bedeutung im schamanischen Gebrauch bei exorzistischen Ritualen oder um Trancezustände zu erlangen. Große Exemplare dieser Pflanze werden als unantastbar betrachtet. Im Himalaya würde kein Mensch, der bei Sinnen ist, es wagen, ein solches Gewächs zu verletzen.

Es kursieren zahlreiche Geschichten, in denen Personen, die dieses ungeschriebene Gesetz gebrochen hatten, anschließend von erzürnten Geistern angegriffen wurden.

Je höher die Regionen, in denen die Wacholdersträucher wachsen, desto heiliger und im Besitz mächtiger Geister erachtet man sie. Die naturgegebenen Voraussetzungen dieser Höhenlagen lassen eine sehr intensive aromatische Charakteristik entstehen. Der geräucherte Duft der Zweigspitzen ist harzig bis holzig.

Diese Wacholderart gehört zum täglichen Reinigungs- und Schutzritual in den Häusern der Menschen des Himalaya. Pfannen mit glühender Kohle werden jeden Morgen durch die Räume getragen, während Holz und Nadeln darüber gestreut werden und der würzig-aromatische Rauch in jeden Winkel dringt. Man reinigt damit die Atmosphäre, hält Krankheitskeime und andere destruktive Eindringlinge fern. So ist Himalaya-Wacholder ein wichtiger Bestandteil der tibetischen Räucherkultur und man findet seine Nadeln in den meisten traditionellen Weihrauchmischungen aus dieser Region.

Erhältlich als Räucherstoff
Elementarkraft: Feuer
Schwerpunkt: Geist

·8·
Tor der Kraft

Die Wahrheit ist: »Alles ist eins«

Ich komme immer geradewegs von vorn
und weiß, wie ich mich durchsetze.

Das Ich und die Welt stehen im Brennpunkt dieses Tores. Ich bin ein Teil des Einen und bewege mich in ihm. Ich trage bei zur Erfahrung des Einen. Entscheidungen wollen getroffen werden und konkrete Schritte sollen folgen, um einen Unterschied zu machen. Die Frage ist: »Wie viel Energie muss ich aufbringen, um etwas in Bewegung zu setzen?« Die Polarität und die aus ihr entstehende Spannung prägen das Bild an diesem Tor. Einfluss darauf nehmen zu wollen, wie Anfang und Ende aussehen sollen, erfordert große Anstrengung. Um den ruhigen Lauf der Dinge zu wahren, müssen Sie aber den inneren Rhythmus des Ganzen finden. Spannung wird durch Entspannung ausgeglichen. In der bedingungslosen Hingabe an den Wechselstrom des Lebens liegt die Lösung, wie sie uns die Düfte dieses Tores suggerieren. Es sind kraftvolle Impulse, die uns lehren, die Forderungen des Leben freudig und aktiv anzunehmen.

Leitsatz:

In der Großherzigkeit liegt eine Kraft,
die keiner imposanten Geste bedarf.

Eukalyptus
Eucalyptus globules

»Vom Nebel in die Klarheit«

*Diese vitale Pflanze lehrt uns Überlebensfähigkeit.
Polarisierend spüren wir den Heiß-Kalt-Gegensatz in
ihrem Duft. Die inneren Sümpfe werden trockengelegt und
unsere geistige Konzentration ist kühlend auf das Überleben
ausgerichtet. Eukalyptus öffnet den Blick in die Welt,
wie sie wirklich ist, und hilft, die Realität zu sehen.
Emotionale Überhitzung stört, wenn ganz konkret
Entscheidungen zu treffen sind.*

Eukalyptusduft ist eine massive Führungsautorität am Tor der Kraft. Sie öffnet und weitet unseren Blick in die Welt, wie sie wirklich ist, somit hilft der Duftimpuls uns, die Realität zu sehen. Es ist, als würde man nach einer Phase übergroßer Emotionalität aus den Nebelschwaden in die Klarheit treten und könne dann ganz konkret die Entscheidungen treffen, die getroffen werden wollen. Sein Heiß-Kalt-Gegensatz wirkt polarisierend auf das Sein. Wir können bei der Trockenlegung innerer Sümpfe voranschreiten und unsere Konzentration kühlend auf das Überleben ausrichten.

Dieser starke, kampferartige Duft hat natürlich auch psychisch-seelische Aspekte. Er klärt die Gedanken und fördert die Konzentration. Wenn Sie sich müde und lustlos fühlen und dennoch geistige Arbeit leisten müssen, dann wird Eukalyptusduft mit seiner belebenden Frische Ihre Motivation steigern. Er kann in jeder Hinsicht zur Abwehr destruktiver Einflüsse und negativer Energie beitragen.

Die Energie dieses Baumes ist stark auf den Körper ausgerichtet. Existenzielle Entfaltung, das Überleben sichern, das ist die Domäne dieser starken Pflanzengattung. In Australien wachsen Eukalypten in großer Vielfalt und machen ca. 90 % der Vegetation aus. Während sie dort in einer relativ harmonischen Gemeinschaft existieren, entwickelten sie nach ihrer Anpflanzung an vielen anderen Orten dieser Welt ein expansives Unwesen. Während sie zunächst angepflanzt wurden, um sumpfiges Gelände trockenzulegen, graben sie heute mit ihrem räuberischen Durst allen vegetabilen Mitwesen im Umkreis von mehreren Metern das Wasser ab, so dass diese oft verkümmern. Dementsprechend wenig beliebt sind die Eukalyptusbäume heute in ihrem Exil. Die lederartige Oberfläche ihrer Blätter weist auf ihre ausdauernde und zähe Natur hin. Sie schützen das geräuberte Wasser auch noch gegen schnelle Verdunstung und treten dem Feuerelement gut gewappnet entgegen.

Bei den Aborigines heißt es: »Hitze verlässt den Kranken und geht ins Feuer«, wenn Blätter und Zweige dieses Baumes verbrannt werden. Sie setzen sie als Medizin ein, um Fieber zu senken. Der Volksmund nennt ihn auch den Fieberbaum. Ein direkter Bezug zu erhöhten Körpertemperaturen zeigt sich insgesamt darin, dass Eukalyptus hauptsächlich bei hitzigen, entzündlichen Erkrankungen Verwendung findet.

Die reinigende, druck- und schmerzlindernde Wirkung des ätherischen Eukalyptusöls bei Infektionen der Atemwege sowie die Stärkung der Abwehrkräfte und des Nervensystems ist auch in der westlichen Medizin hinreichend erforscht und wird in verschiedensten Präparaten genutzt. Auf alle wässrig geschwollenen Zustände wirkt Eukalyptus austrocknend und erweiternd. In der Aromalampe vertreibt der Duft bis zu 90 % der Krankheitskeime. Sei es in der Sauna oder für die Massage – mit dem kräftigen medizinischen Duft können Sie einen aktivierenden und energetisierenden Effekt erzielen. Die Atmung wird verbessert und Körperübungen lassen sich damit gut begleiten.

Erhältlich als ätherisches Öl und Räucherstoff
Elementarkraft: Feuer
Schwerpunkt: Körper

Galgant
Alpinia galanga

»Sich auf das Ziel ausrichten«

Eindeutig und unverbrämt zeigt dieses Aroma seine innerste Natur. »Komm«, sagt der Duft, »lass es uns tun.« Es ist der Feuerimpuls konzentrierten Wollens und Handelns, der sich hier in seiner naturgegebenen Kraft manifestiert. Alles, was eng und ängstlich dem Leben gegenüber auftritt, wird von dieser Energie beherzt gestimmt und veranlasst, von begrenzenden Hemmungen abzulassen.

Ein klarer und eindeutiger Ausdruck macht diesen Pflanzengeist zu einem wertvollen Führer am Tor der Kraft. Er hilft uns dabei, das Ziel anzuvisieren und uns einzulassen.

Galgant fordert uns dazu auf, uns von dem zu lösen, was uns im Zustand der Enge und des Leidens bindet. So schenkt er uns einen euphorisierenden aromatischen Impuls, der Vertrauen in die Herzenskraft möglich macht und den Prozess der Heilung voranbringt.

Eine positiv und mutig stimmende Energie geht von diesem Duftwesen aus, die beste Voraussetzungen schafft, verbrauchte Stoffe physischer oder psychischer Natur aufzulösen und neue Bewegung zu schaffen.

Die Pflanzenfee zeigt sich entschlossen, ihr Begehren in die Tat umzusetzen, sie versteckt sich nicht hinter Konventionen, sondern geht, ihre natürliche Schönheit offen zeigend, direkt auf ihr Ziel zu. Wild und pfeffrig mit leichter Kampfernote entfalten diese harten Wurzelstücke ihre energetisierende Kraft und eignen sich sehr gut für aktivierende und anregende Räuchermischungen, die in die Konfrontation mit der Realität führen.

Bereits die Ägypter, Griechen und Römer kauften Galgantwurzel aus dem Südosten, und im chinesischen Arzneibuch werden ihm energetisierende und sogar aphrodisische Eigenschaften zugeschrieben. Laut Hildegard von Bingen (»Naturkunde«, geschrieben vor 800 Jahren) hilft Galgant bei Einschränkung der Bewegungsfähigkeit und Problemen des Herzens durch ein unehrliches Gefühlsleben. Die große Heilkundige hat Galgant mit seiner erwärmenden Eigenschaft als »Gewürz des Lebens« bezeichnet. Er wirkt anregend und verdauungsfördernd und ist dadurch ein bevorzugtes

Gewürz der indonesischen Küche. Auch das ätherisches Öl vom Galgant wird zur Kräftigung und Anregung z. B. in der Massage eingesetzt. Der Ayurveda verwendet ihn bei Erkrankung der Atemwege sowie bei Rheumaleiden. Im tibetischen Räucherwerk ist Galgant eine der wichtigsten Komponenten. Der aromatische Duft wirkt gegen jede Art der Verkrampfung und Verspannung und ist ein gutes Mittel, um Verarbeitungsprozesse körperlicher und seelischer Art zu begleiten und voranzubringen. Die moderne westliche Forschung hat eine neutralisierende Wirkung dieser Pflanze auf freie Radikale festgestellt.

Erhältlich als ätherisches Öl und Räucherstoff
Elementarkraft: Feuer
Schwerpunkt: Körper

Kampfer

Cinnamomum camphora

»Hervortreten und stark sein«

*Den konkreten Anforderungen des Lebens frontal zu
begegnen und seinen Raum zu beanspruchen, kennzeichnet
die Grundausrichtung dieser anregenden Duftbotschaft.
Sie ist eindeutig und bar jeglicher Diplomatie, ehrlich
und geradeaus. Wo aus existenzieller Bedrohung
Handlungsbedarf entsteht, ist dieser Duft in seinem Element
und bietet sich an als ein erstklassiger Führer am
Tor der Kraft.*

Am Tor der Kraft geht es um die Welt der Gegensätze, in der wir uns zu behaupten haben. Wie Sie die innere Ruhe bei noch so überraschenden Eruptionen im entscheidenden Moment bewahren können, darum geht es bei der seelischen Botschaft, die uns dieser aromatische Führer an der Schwelle dieses Tores vermitteln kann.

Wie ein frischer, eisiger Windstoß schlägt uns sein aromatisch-durchdringender Duft entgegen und katapultiert uns in die Gegenwart. Man nennt den Kampfer im Himalaya die »Medizin des wilden Mannes«, und als wilder Mann tritt er uns yetiartig und seine Keule schwingend auch entgegen. Er vermehrt die Lebensenergie »Prana« und öffnet gleichzeitig die Sinne.

Die weiße, kristalline Substanz entflammt sehr leicht und muss mit großer Vorsicht geräuchert werden. Der Rauch entfaltet sich sehr schnell und intensiv, ist durchdringend, klärend, frisch. Er verfliegt aber auch sehr schnell, wie ein reinigendes Gewitter. Empfindliche Gemüter schrecken vor dieser Energie zurück, die wie ein Erdbeben auftreten kann. Für Kleinkinder ist sie definitiv bedrohlich und kann zu Bronchialkrämpfen führen. Auch Epileptiker und Schwangere sollten sie meiden.

Wenn Sie vor dem Kampferduft mit Abscheu zurückzucken und ihn mit Krankheit oder Mottenkugeln assoziieren, dann haben Sie für die kämpferisch-konfrontative Klärung von Problemen wenig Akzeptanz. Wer ihn liebt, für den haben Eindeutigkeit und Durchsetzungskraft Priorität im Leben. Kampfer steht für Mut und Tatkraft.

Kaum ein Duft kann uns derart deutlich die existenzielle Polarität der Welt vor Augen führen. Er besitzt das Mondhaft-Wässrige im Spannungsfeld zur feurigen Initiative, ist heiß und kalt zugleich. So gegensätzlich sind auch die Expertenmeinungen, was seine Wirkung auf den Blutdruck betrifft. Die einen halten ihn für blutdrucksteigernd, die anderen für senkend. Und während Kampfer in der indischen Mythologie mit Shiva, dem Gott des Rausches und der Erotik assoziiert wird, gilt er andernorts als dämpfend auf die Sexualenergie, weshalb er in buddhistischen Klöstern geräuchert wird. Im Ayurveda benutzt man ihn als Beruhigungsmittel gegen Hysterie und Nervosität, er wirkt aber auch anregend bei depressiven Zuständen. Kampfer beschleunigt den Herzschlag, den Kreislauf und die Funktionen des vegetativen Nervensystems – indem er die Lebenskraft »Qi« in uns so richtig ankurbelt, bringt er uns kraftvoll in den Augenblick, damit wir uns den aktuellen Gefahren stellen können.

Er wirkt auch als Abwehrkraft gegen dunkle und krank machende Dämonen. Alles, was den Geist umnachtet, wird radikal über das vegetative Nervensystem bekämpft. Die dunklen Vorhänge werden gnadenlos aufgerissen. Medizinisch verhindert er die Wirksamkeit narkotischer Drogen und sorgt damit für einen klaren Geist.

Erhältlich als ätherisches Öl und Räucherstoff
Elementarkraft: Feuer
Schwerpunkt: Körper

Muskatnuss
Myristica fragrans

»Alles ist möglich«

*Dieser aromatische Impuls ist ausgerichtet auf die Fähigkeit,
die eigenen inneren Kräfte zu spüren. Dieses psychische
Poten7ial können Sie nutzen, um Bewegung zu erzeugen.
Entscheidungen werden Ihnen leichter fallen, wenn sinnliche
Lust eine Initiative attraktiv erscheinen lässt.
Es ist spannend, wie die urtümliche Botschaft im
geheimnisvollen Duft dieser Aromapflanze den Suchenden
oft ganz nebenbei die Motivation finden lässt,
die er für sein Handeln braucht.*

Muskaträucherungen stärken die Ich-Kraft und helfen bei Entscheidungsschwäche, weshalb ihre Fähigkeit als Führer am Tor der Kraft zum Einsatz kommen kann, um die nötige Initiative zu ergreifen. Des Menschen Wille ist sein Himmelreich, und wo ein Wille ist, ist auch ein Weg. »Alles ist möglich« – das ist die unterstützende Botschaft dieser Aromapflanze.

Der dunkle, geheimnisvolle Duft ist leicht brenzlig und trägt eine Urkraft in sich, die uns mit fester Hand zum inneren Selbst führt und unser eigenes Potenzial spüren lässt. Wenn Sie sich auf dieses Potenzial verlassen, werden sie den dort vorgegebenen Weg leichter erkennen und ihn ohne Zögern beschreiten. Die urtümliche Wildheit des Schamanen mag uns auf den ersten Blick schrecken, doch folgen wir seinem Ruf, werden wir von den Lösungen und Erkenntnissen überrascht werden, die er für uns bereithält.

»Weniger ist mehr« gilt für das Räuchern dieses Stoffes. Okkulte Schulen ordnen der Muskatnuss Bedeutung als Kontaktförderer bei spiritistischen Sitzungen zu. Auch als Glücksbringer und Schutzkraft gegen negative Einflüsse wird sie geräuchert oder als Zutat für Rauchmischungen und Schnupfpulver benutzt.

Zerstoßen ist die Muskatnuss unverzichtbar als Küchengewürz in der ganzen Welt. Als Heilmittel ist sie auch medizinisch für Verdauungs- und Nierenleiden sowie bei Rheumatismus bekannt. Darin kommt ihre in Bewegung versetzende Energie zum Ausdruck. Andererseits nannten die alten Inder die Muskatnuss »mada shaunda« (betäubende Frucht) und setzten sie im Ayurveda und in magischen Ritualen ein. In Malaysia werden Muskatnüsse Besessenen zur Behandlung verabreicht und in religiösen Heilungsritualen kranken Menschen um den Hals gelegt. Nichts wird ausgeschlossen, alles, was geschieht, hat seinen Sinn und seine Berechtigung – am Tor der Kraft sind wir gestärkt, um auch extreme Erfahrungen anzunehmen.

Der Muskatnuss wird auch eine psychoaktive Wirkung nachgesagt; auf das Nervensystem wirkt sie anregend und stärkend. Aphrodisische und euphorisierende Qualitäten werden ihr ebenso zugeschrieben, weshalb sich auch mancherlei Anwendung für den Liebeszauber seit dem Mittelalter bis in unsere Zeit erhalten hat.

Erhältlich als ätherisches Öl und Räucherstoff
Elementarkraft: Feuer
Schwerpunkt: Körper

Myrte
Myrtus communis

»Eindeutig Position beziehen«

Reinheit, Liebe und Tod, Schönheit und Kampf sind mit dieser alten Mysterienpflanze aufs Engste verbunden. Sie zeigt uns in ihrem Duft, wie wir alte und verbrauchte Muster loslassen können. Als zuverlässiger Begleiter durch Phasen der Transformation klärt Myrte unseren Blick auf das Neue und bündelt die Energie am Tor der Kraft, damit wir zur Klarheit gelangen können.

Mit Myrtenduft können Sie Ihren Blick klären, um am Tor der Kraft die Energie zu generieren, die Sie zurück zur inneren Einheit führen kann. Mit Hilfe des resoluten Myrtenzweiges bündelt die weiße Jungfrau ihre Kraft, die gewonnene Klarheit lässt sie ruhigen Herzens auf das warten, was die Weite des Horizonts ihr verheißt. Alte seelische Wunden werden geheilt, wenn sich nach einem Akt der Vergebung Klarheit ausbreitet und in der Folge Schönheit und Liebe für einen glücklichen Neubeginn die Gegenwart bereichern. Transparenz und freie Sicht sind das Ergebnis, wenn die Gedanken nicht mehr von den materiellen Bedingungen dominiert und blockiert werden. Der Weg zur Transformation steht damit offen.

Der Legende nach soll die Göttin Minerva die wunderschöne Nymphe Myrsine geliebt haben. Zugleich war Minerva aber derart eifersüchtig auf die übermenschlichen Kräfte der Nymphe, dass sie Myrsine tötete. Aus dem toten Leib wuchs ein Myrtenbusch und Minerva, die ihre Tat bereute, legte all ihre göttliche Liebe in diese Pflanze und machte sie zur Schutzpflanze für alle Liebenden.

Eine andere Sage erzählt, dass Myrtea, die Göttin der Reinheit und Transzendenz, sich nicht auf das Werben des Gottes Apollon eingelassen und so die Liebe auf die geistige Ebene transformiert habe. Diese Legenden spiegeln den Spannungsgrad zwischen Liebe und Tod, Schönheit und Kampf, der untrennbar mit dem Charakter dieser Duftpflanze verbunden ist.

Laubartig mit pfeffrig-fruchtigem Unterton können Sie Myrtenrauch schön in Mischungen integrieren, die eine reinigende, erfrischende Wirkung mit energetischem Ausgleich bezwecken.

Immer schon wurde die Myrte getrocknet und gebunden. Sie war den alten Völkern um das Mittelmeer herum heilig, galt als Prinzip jungfräulicher Reinheit und Anmut und wurde zur Schmerzlinderung aller Art verräuchert. Jugendliche Vitalität und Liebesfähigkeit im hohen Sinne soll sie erhalten und fördern können, so wurde sie den alten Griechen ein Symbol der Unsterblichkeit.

Für Hautpflege, Atem- und Harnwege, aber auch das Immunsystem bei Erkältungen, Grippe und Infektionskrankheiten wird die heilsame Kraft der Myrte medizinisch geschätzt. Wie bei allen Familienmitgliedern der Myrtengewächse finden wir hier ein stark keimtötendes ätherisches Öl mit einem belebenden, fast aggressiven Duft. Die Signatur der spitzen Blätter weist auf ein martialisches Wesen hin. Auf die Psyche wirkt der Duft entspannend und harmonisierend. Feurig eher im oberen Bereich ist Myrte geeignet, Energie weiterzuleiten und gleichmäßig an den gesamten Organismus zu verteilen.

Erhältlich als ätherisches Öl und Räucherstoff
Elementarkraft: Feuer
Schwerpunkt: Geist

Pfefferminze
Mentha piperita

»Anstoß zum Handeln«

*Bewahren Sie einen klaren Kopf und ruhig Blut,
während Sie die Kraft im Körper deutlich fließen spüren.
Was eben noch diffus in Ihnen herumgeschwirrt ist,
wird plötzlich zu konzentrierter Energie und kann die
Zündung eines neuen Prozesses bewirken. Die inneren
Fenster werden aufgerissen. Bewegung und Veränderung
schafft Pfefferminzduft am Tor der Kraft.*

Von einer Pflanze, die zweifelsohne ihren angestammten Platz an der Schwelle zum Tor der Kraft einnimmt, kommt hier ein kraftvoller Impuls zur Klärung veränderungsbedürftiger Zustände. Die stark anfeuernde Qualität des Pfefferminzöls ist überall dort nützlich, wo lösender Einfluss auf gebremste und blockierte Prozesse vonnöten ist.

Eine solche Initialzündung kann den ins Stocken geratenen Prozess auf allen Ebenen wieder in Gang setzen und die Verarbeitung aus eigener Kraft einleiten. Schalkhaft versetzt Ihnen der kleine Troll einen Tritt in den Hintern, damit Sie Ihr Leben selbst in die Hand nehmen.

Klärend wirkt der Pfefferminzduft auf den Geist, entspannend auf die Nerven und vitalisierend auf den Körper. Die Minze vermittelt sozusagen zwischen Kopf und Bauch und erinnert den Geist daran, dass er noch mit dem Körper verbunden ist. Kämpferisch, mit einer Art Feuerimpuls, stärkt sie den Energiefluss in Leber und Galle, damit Ärger verarbeitet wird. Das Ätherprinzip – die Lebenskraft – wird in der Leber gesammelt, die Galle wirkt als Exekutivorgan. Diffuse Kraft wird mit ihrem Impuls des Handelns und Wollens zu gebündelter Energie verbunden. Der vitale Anstoß der Minze aktiviert diesen Vorgang und kann damit Blockaden lösen. Unten (im Körper) wird die Vitalität zur Verfügung gestellt und oben (im Geiste) verarbeitet. So ist der klärende Effekt auf den Kopfbereich zu verstehen. Schmerz wird aufgelöst und wir können besser klare Entscheidungen treffen.

Die reinigende und vitalisierende Wirkung können wir auch in der Räucherung des Krautes nachvollziehen. Der typische Pfefferminzduft entfaltet sich sehr schnell, wie ein kurzer Feuerstoß, der rasch in einen angenehm krautigen

Duft übergeht. Dies dient der Lufterfrischung dort, wo es dumpf und stickig ist. Am besten wird Pfefferminze auf dem Sieb geräuchert. Doch nicht jeder kann mit dieser initiatorischen Energie umgehen und so bewirkt Minze als Tee getrunken zum Beispiel durch Reizung der Magenschleimhaut möglicherweise genau die Magenprobleme, die sie eigentlich beseitigen soll.

Auch wenn es Ihnen an Lustempfinden mangeln sollte, kann die Minze Abhilfe schaffen. Sie wirkt als Stimulanz und wurde daher in der Antike auch »Krone der Aphrodite« genannt. Bei Hochzeiten flocht man Minzekränze für das Brautpaar.

Der enorme Ausdehnungsdrang dieser Pflanzenfamilie spiegelt sich in einer großen und ständig weiter wachsenden Anzahl unterschiedlichster Hybriden. Schon in der Antike kannte man die medizinische Kraft der Minze sowohl in Japan und China als auch in Ägypten und setzte sie gegen eine Vielzahl von Beschwerden ein. Belebend, krampflösend und verdauungsfördernd mit antiseptischer und leicht betäubender Wirkung – ihre Heilwirkung ist unumstritten. In ihrer heiß-kalten Wirkung (Yang wird zu Yin) zeigt sich ihr Bezug zur Polarität.

Erhältlich als ätherisches Öl und Räucherstoff
Elementarkraft: Luft
Schwerpunkt: Körper

Präriebeifuß
Artemisia tridentata

»Erhalt des Lebens«

*Extreme Situationen verlangen besondere Fähigkeiten.
Wie in der Spannung zwischen Feuer und Wasser
Erdhaftung entsteht, zeigt uns dieses Kraftaroma.
Es berichtet vom hartnäckigen Kampf ums Überleben,
indem es die elementare Spannung nutzt. Belastende
Gefühle können vor diesem Meister der Reinigung nicht
bestehen. Präriebeifuß nimmt den an sich selbst leidenden
Krieger an die Hand und führt ihn durch das Tor der Kraft
in die sanften Auen seines Seelenlebens.*

Wenn wir uns in einer aussichtslosen Situation mutig dem Willen Gottes hingeben, öffnet sich das Tor der Kraft und lässt uns auf die bunte Wiese unserer Seele gleiten. Diese Pflanze lehrt uns das heilige Wissen um ein erfülltes Leben, ohne um Einfluss und Macht ringen zu müssen, um sich von den Folgen destruktiver Einflüsse und schmerzhafter Erfahrungen aus der Vergangenheit zu befreien. Erst wenn wir alles drängende Streben und alle Wünsche aufgegeben haben, kommt die Erfüllung von selbst.

Diese Pflanze ist stark in der Welt der Gegensätze unterwegs und mit ihrem bitter-süßen Duft ein zuverlässiger Führer durch schwierige Prozesse. Wenn das Bittere im Leben überhand genommen hat, verlieren wir leicht den Kontakt zu unserer Gefühlswelt. Steht das süße Leben zu stark im Vordergrund, verschwimmen die Konturen und die Eindrücke verlieren an Schärfe. Gibt es in Ihrem Leben eine Spaltung oder einen Bruch, wird Präriebeifuß Ihnen helfen, zur Einheit zurückzufinden.

Die Räucherung verbindet Mutter Erde mit dem Grossen Geist. Im Falle einer Trennung von Gefühl und Intellekt, besitzt sie die Fähigkeit, diese Verbindung wiederherzustellen. Die nordamerikanischen Indianer nennen den Präriebeifuß »Sage« (= der Weise) und er gehört zu den Kraftpflanzen, die in der indianischen Kultur zur rituellen Räucherung verwendet werden. Zugeordnet wird er dem Coyote Spirit und dem Süden, und er wird zur Behandlung von fiebrigen Erkältungen, schmerzhaften Schwellungen und Verstopfung eingesetzt. Bestimmte Sorten können bis zu hundert Jahre alt werden. Dies sind dann grundsätzlich sehr langsam wachsende Individuen in besonders ungünstigen Lagen. Die volle Härte des sich entfaltenden Lebens nimmt diese

Pflanze dankbar an, nur schnelle Wandlungsenergie, wie sie z. B. in einer Feuersbrunst zum Ausdruck kommt, kann sie nicht überleben. Präriebeifuß besitzt zwei Wurzelsysteme: Tiefenwurzeln, mit denen er nachts das Wasser von unten hochsaugt, und ein Flachwurzelnetz, über das er den Tau sammelt und tagsüber dem verholzten Busch für das Überleben in großer Trockenheit zuführt. So steht er für das Wissen, wie man in extremen Lebenssituationen die Kraft zum Überleben aus den Gegebenheiten schöpfen kann. Selbst in extremer Hitze kann er noch überleben, obwohl er bisweilen wie tot aussieht.

Einem Räucherduft, der an feuchte dunkle Räume erinnert, möchte man kaum desinfizierende und desodorierende Eigenschaften zuschreiben, dennoch ist Prärie- oder Steppenbeifuß ein wahrer Meister der Reinigung. Schlechte Gefühle und negative Gedanken vertreibt er machtvoll. Der kraftvolle herb-süße Rauch aktiviert die Ich-Kräfte und ist bei Schwäche und Mutlosigkeit zu empfehlen. Er errichtet ein mächtiges Schutzschild gegen Unheil welcher Gestalt auch immer. So drückt sich ein kämpferischer Duft aus, der in einem besonderen Verhältnis zum Wasserelement steht. Der wässrige Auszug des Krautes hat eine kühlende und beruhigende Wirkung auf irritierte oder entzündete Haut. Mutter Erde als gebärendes Wesen nährt und schützt so ihre Kinder.

Erhältlich als Räucherstoff
Elementarkraft: Erde
Schwerpunkt: Körper

·9·
Tor der Werte

Alles wird durch Liebe zum Leben erweckt

Die meisten Dinge im Leben sind nicht der Aufregung wert.
Ich gehe es ruhig an.

Am Tor der Werte liegt der Verbindungspunkt mit dem Kosmos. Da, wo die Liebe wohnt, berühren sich Anfang und Ende und verschmelzen miteinander.
Die Seele gleitet an diesem Tor von einem Zustand in den nächsten, sie materialisiert und entmaterialisiert sich. Die große vermittelnde Kraft zwischen den Gegensätzen wirkt an diesem Ort. Alle anderen Tore der Reise sind aufs Engste mit dem Tor der Werte verbunden. Hier erfahren Sie Kontakt als die Symbiose mit allem, was lebt. Erkennen Sie die Bedeutung des eigenen Daseins, um sich und alles, was ist, als »der Liebe wert« wahrzunehmen. Hier haben wir Ausgangspunkt und Ziel einer zyklischen Lebensreise vor uns, und die Pflanzendüfte dieses Tores lassen uns in Harmonie mit allen noch so unterschiedlich anmutenden Stationen dieser Reise treten.

Leitsatz:

Sich selbst als der Liebe wert zu sehen,
kennzeichnet den Beginn neuen Lebens.

Adlerholz
Aquilaria agallocha

»Vollendung und Heimkehr«

Adlerholz ist ein Führer in die Jenseitswelt und hilft,
die Angst vor dem Nicht-sein zu überwinden.
Es ist eine tief greifende und würdevolle aromatische
Gebärde, wenn sich sein köstlicher Wohlgeruch demütig
vor dem Mysterium der Schöpfung verneigt. Keine Illusion
kann in der Gegenwart dieses aromatischen Meisters
bestehen, die Schatten der Unvollkommenheit müssen
fliehen. Der Zugang zum inneren Tempel öffnet sich.

Adlerholz weist dem erfahrenen Wanderer am Tor der Werte den Weg zur Vollendung und Heimkehr. Sie sollten dieses Pflanzenaroma mit großem Respekt verwenden, da es die große initiatorische Kraft darstellt, die mit der Todeserfahrung verbunden ist. Adlerholz ist ein Hüter an der Schwelle, der dem aufrichtig Suchenden die Hand reicht und ihn trockenen Fußes über den Fluss des Vergessens führt. Unstimmigkeit und Mangel werden energetisch ausgeglichen und lösen sich auf. Wir können Liebe und Selbstachtung ohne Einschränkung wahrnehmen.

Ambraartig warm und dunkel mit waldig-mystischer Eleganz mutet sein Aroma an und verwandelt augenblicklich die ganze Atmosphäre eines Raumes. Durch die Räucherung kann man sich in einen Zustand der Trance und Versenkung in Verbundenheit bei gleichzeitig stark erhöhter Wahrnehmungsfähigkeit führen lassen. Wenn Spannungen und Ängste zu Depressionen geführt haben und geistig-seelische Verdunkelung herrscht, dann nimmt das warme und tiefgründige Aroma den leidenden Menschen in seinen inneren Tempel mit und hüllt ihn balsamisch in einen Schutzmantel der Ruhe. Wach und dennoch entspannt können wir unter seinem Schutz sicher und geborgen für einen Moment lang die Vollkommenheit unserer Seele spüren.

Seine Heimat hat der Adlerholzbaum in den Tiefen der Wälder Assams, aber auch in Indonesien, Kambodscha und Vietnam. Der edle Duft dieses Holzes entsteht erst im Zerfallsprozess, wenn es von einer bestimmten Pilzart (Phomopsis aquilariae) befallen wird. Im Todeskampf entwickelt der Baum noch ein Abwehrbalsam gegen diesen Befall, das dann Teile des Holzes wasserresistent, widerstandsfähig und oft schwerer als Wasser werden lässt. Je harzig-dunkler und schwerer es ist, desto wertvoller wird dieses Holz, es wird sogar mit Gold aufgewogen.

In der Menschheitsgeschichte hat dieser Duft stets eine hohe spirituelle Entwicklung begleitet. Es ist der Duft der Könige und Bestandteil der teuersten japanischen Räucherwerke (Jin koh). Auch in der arabischen Welt hat es einen hohen Stellenwert. Dem Öl (Ud) werden von den Sufis starke transformatorische Kräfte als Übergangshilfe für hochentwickelte Seelen zwischen Leben und Tod zugesprochen. Die Bestimmung, materielle Substanz zu erhalten, zeigt sich auch darin, dass es eine unverzichtbare Ingredienz bei der Einbalsamierung der ägyptischen Pharaonen gewesen sein soll, und auch Christus soll nach seinem Tode mit Ud gesalbt worden sein. In der indischen Mythologie wird es Garuda zugeordnet, dem mächtigen Adler, auf dem Vishnu, der Weltendurchdringer, reitet.

Die ayurvedische und tibetische Medizin setzt Adlerholz gegen Krankheiten des Geistes und Traurigkeit des Herzens ein. In der chinesischen Medizin heißt es, das *Qi* (die Lebenskraft) würde vom Adlerholz stark aktiviert. Dieser außergewöhnliche Duft ist sehr psychoaktiv, er gleicht die Verbindung zwischen Körper und Geist aus und stabilisiert das Nervensystem, während die Schmerzempfindung vermindert wird.

Erhältlich als Räucherwerk und ätherisches Öl (Oud)
Elementarkraft: Erde
Schwerpunkt: Körper

Citronella
Cymbopogon nardus

»Dinge kommen in Bewegung«

Mit seiner antidepressiven Wirkung ist dieser Duft ein wunderbarer Führer, wenn wir Chancen für sinnvolle Entwicklungsprozesse in unserem Leben erkennen wollen. Seine Kraft stoppt faulende Prozesse und bringt verstopfte Abläufe wieder zum Fließen. Spritzig positiv kommt Citronella daher und muntert uns dazu auf, von lähmenden Gewohnheiten zu lassen und stattdessen genau das zu tun, was wir am wenigsten von uns selbst erwartet hätten.

Citronella ist der lichte Derwisch, der fröhlich wirbelnd einmal durchkehrt und alles wieder zum Fließen bringt. Am Tor der Werte manifestiert sich dieser Einfluss über den Körper und stärkt auch Hirn und Herz. Die stark aktivierende Duftbotschaft leistet machtvolle Unterstützung, indem sie uns anregt und erfrischt. Das macht es leichter, alte Muster aufzugeben und uns neuen Erfahrungen und Eindrücken zuzuwenden.

Die psychisch-seelischen Aspekte sind in erster Linie in dem klärenden Einfluss des Citronellaöls auf den Geist zu sehen. Es hat eine antidepressive Wirkung und ist ein wunderbarer Führer, wenn es darum geht, die besten Möglichkeiten für sinnvolle Entwicklungsprozesse in unserem Leben zu erkennen. Leicht, frisch, besänftigend und erbaulich in jeder Hinsicht haben wir es hier mit einem natürlichen Deodorant zu tun, das eine gesunde Ausstrahlung erzeugt.

Durch seine vielseitigen Einsatzmöglichkeiten und die relativ hohe Ausbeute pro Pflanze ist das ätherische Öl mit dem zitrusartigen, leicht süßen Aroma sehr preiswert und in großem Umfang verfügbar. Deshalb wird es von der Industrie gerne eingesetzt (Nahrungsmittel, Genussmittel, Hygiene, Kosmetik, Parfümerie). In der Medizin verwendet man es auch gegen Darmparasiten und Fieber, die größten Qualitäten liegen in seiner Anwendung als Insektizid. Auch der keimtötenden Eigenschaft im Krankenzimmer sollte Aufmerksamkeit geschenkt werden. Bakterien als die Agenten des Verfalls physischer Substanz werden von dieser antiseptischen Kraft abgetötet.

Citronellaöl ist auch bei der Behebung von Störungen des Verdauungsprozesses und Problemen mit der Menstruation hilfreich. Da die Citronellablätter in der chinesischen

Medizin auch bei Rheumatismus und Arthritis zum Einsatz kommen, können wir ableiten, dass überall dort, wo Beweglichkeit und Entwicklungsperspektiven durch eingefahrene, gewohnheitsmäßige Verhaltensweisen eingeschränkt bis schmerzhaft blockiert werden, ein Impuls der Erneuerung notwendig ist. Die stimulierende Kraft dieser Pflanze können wir über die Haut ebenso wie über den Geruchssinn als energetischen Schub aufnehmen.

> *Erhältlich als ätherisches Öl*
> *Elementarkraft: Luft*
> *Schwerpunkt: Körper*

Eichenmoos
Evernia prunastri

»Das Alte loslassen«

Sein Schicksal annehmen und die Veränderung aktiv willkommen heißen, das ist die Grundforderung dieser männlich-aromatischen Duftcharakteristik am Tor der Werte. Sie spricht das innere Vater-Bild an, unser Verhältnis zu Autorität und Disziplin kommt auf den Prüfstand. Bei diesem zuverlässigen Begleiter durch transformatorische Prozesse geht es um existenzielles Anhaften und das notwendige Loslassen.

Dieser Duft berichtet am Tor der Werte vom Wandel im Leben. Der Verwandlungsprozess findet als aktiver Übergang von einem Zustand in den nächsten statt. Wir spüren die Aufforderung, das ernste und doch so vertraute Dunkel anzunehmen. Die Fragen »Wie kann ich loslassen?« und »Woran halte ich fest?« sowie die Polaritäten zwischen Luft und Erde, den Tierkreiszeichen Waage und Steinbock spiegeln in ihrem Spannungsverhältnis das Leiden, das wir überwinden müssen. Zunächst müssen wir den Kontakt zu unseren eigenen inneren Schmerzpunkten herstellen, bevor wir sie auflösen können. Das Bittere symbolisiert das Gewordene, den Prozess, den wir hinter uns gelassen haben und den wir nun als Nachklang im hinteren Bereich der Zunge schmecken.

In der Eiche als Steinbock-Prinzip finden wir die Erde an ihrem schwersten Punkt, die höchste Dichte der Materie, feste Struktur und Halt. Am dunkelsten Punkt des Jahres findet auch die Wiedergeburt der Sonne statt. So steht dieser Duft, der auch die Kraft der Eiche enthält, für die Wiedergeburt im Geistigen und schafft Ausgleich. Er bereitet dem Luftprinzip den Weg, ist zwar bitter, stillt aber zugleich auch das Leid und wirkt in einer fast betäubenden Weise stark beruhigend.

Das spirituelle Thema dieser starken Pflanze heißt Verantwortung, innere Stabilität und Sicherheit. Sie gehört zur Familie der Flechten, ist eine Symbiose aus Alge und Pilz, die sich in Urzeiten zusammentaten, um als Pionier des Lebens gemeinsam dem Wasser zu entsteigen und das Festland zu erobern. Gemeinsam produzieren sie eine Säure, die das Mineralische in Mutterboden verwandelt. Ihr Duft führt uns in die Urzustände und zwingt uns auf das

Reduzierte zurück. Das, was nach einer bitteren Erfahrung bleibt. Verantwortung kann durch Ent-Täuschung entstehen. Durch einen solchen Prozess der Selbstfindung können wir unsere Individualität stärken und stabilisieren, was in der Folge überhaupt erst das Überleben sichert.

Das »Vaterthema« wird hier als elementare Struktur angesprochen. Es ist die erste Sicherheit, die dem neuen Leben geboten werden kann. So weist der Duft uns auch auf die strenge Seite des Bestrafens hin, denn Schutz braucht Regeln und spiegelt darin erneut das Steinbockprinzip, das ganz darauf ausgerichtet ist, durch Regulierung das Gemeinwohl zu erhalten.

Als klassische Baumnote mit moosigem Übergang besitzt Eichemoos die Kraft der Fixierung, was sich auch der Parfümeur zu Nutze macht. In einer Duftmischung schafft es die gemeinsame Grundlage für alle anderen Komponenten.

Erhältlich als ätherisches Öl und Räucherstoff
Elementarkraft: Erde
Schwerpunkt: Körper

Kalmus
Acorus calamus

»Besänftigende Stimmung«

Auf sinnliche Weise entspannend schenkt dieser Duft uns Erholung von geistiger Überanstrengung und nervlicher Strapaze. Mangel an Selbstwert erzeugt geistige Gifte. Wenn unsere Gefühlswelt durch solche Phantome belastet ist, reinigt Kalmus das System von krampfhaften Reaktionen. Neue Bewegung wächst aus einer soliden inneren Ausgeglichenheit.

Am Tor der Werte nimmt dieses Pflanzenwesen Bezug auf Ausdauer und die Fähigkeit, sich anzupassen. Kalmus regt auf allen Ebenen dazu an, eine Entgiftung zu vollziehen, um den Prozess fortzusetzen.

Die Kalmuswurzel lebt im Kontakt mit dem Wasser in Uferzonen und im flachen Gewässer. Das spiegelt sich in ihrem reinigenden Einfluss auf die belastete Gefühlswelt. Mit ihrem moschusartig süß-aromatischen Duft leitet sie einen Prozess der Öffnung und Reinigung ein. Emotionale Schlacke kann fortgespült werden. Eine Atmosphäre sanfter magischer Stimmung entsteht, lässt neues Vertrauen in die eigene Ausdrucksfähigkeit zu und unterstützt die feinsinnige Wahrnehmung. Als Nerventonikum bei seelischen Erschöpfungszuständen führt sie zurück in die eigene Kraft, in zu hoher Dosis kann sie aber auch halluzinativ wirken, deshalb sollten Sie bei ihrer Verwendung behutsam sein.

Im Erscheinungsbild des Kalmus kommt das männliche Prinzip in einer fast phallischen Fruchtstandentwicklung als Symbol für Vitalität und Erfolg im Außen zum Ausdruck. Aus dieser Analogie heraus wird interpretiert, er könne Selbstbewusstsein und Erfolgsstreben stärken. Ebenso spricht man bis heute in Italien vom Kalmus als »Pflanze der Venus«. Sie erscheint als vollendete Verschmelzung männlicher und weiblicher Attribute. Das Körperliche, Geistige und Sinnliche sind in ihr liebevoll vereint, schon die Ägypter benutzten ihren Duft als Aphrodisiakum.

Als Vertreter einer uralten Spezies der Einkeimblättrigen, die mit ihrer äußerst spannungsfesten Zellstruktur einer Stahl-Beton-Konstruktion vergleichbar ist, begegnet uns diese Pflanze mit der Symbolik des Überlebens. Dabei werden zyklisch immer wieder Grenzzustände erreicht, die wir durchschreiten müssen. Wir lernen von ihr, schwierige Phasen auszuhalten.

Erdgeschichtlich ist Kalmus ein Fossil, wie amerikanische Forscher erst kürzlich herausfanden. Für die kulturellen Zusammenhänge dieser Pflanze mit der Menschheitsgeschichte gilt Ähnliches. Im Himalaya räuchert man Kalmus als geistig aufhellendes Nerventonikum zur Meditation, ihm werden geistig revitalisierende Kräfte zugeschrieben. In Indien, Nepal, Tibet und ebenso in Mesopotamien wurde er bereits vor Tausenden von Jahren wegen seines Duftes und seiner Heilkräfte geschätzt. In Indien gilt die Pflanze noch heute als Volksheilmittel gegen Verdauungsstörungen, Kopfschmerzen und Husten, und im Ayurveda soll Kalmus bei medizinischen Räucherungen dazu dienen, Nebenwirkungen zu reduzieren.

Für die Chinesen war die Kalmuswurzel von jeher eine Glück verheißende Pflanze, die den Kontakt zur Geisterwelt fördert. Und auch in der Tradition der nordamerikanischen Ureinwohner (Cheyenne) gilt Kalmus als mächtige Heilpflanze *(sweet flag)* und wird zu zeremoniellen Anlässen wie der Schwitzhütte eingesetzt.

Erhältlich als Räucherstoff
Elementarkraft: Wasser
Schwerpunkt: Gefühl

Weißes Sandelholz
Santalum album

»Der tragende Boden«

*Der Duft des Weißen Sandelholzes begleitet die Menschheit
seit Tausenden von Jahren. Er verbindet uns mit den Kräften
der Erde und zentriert in starkem Maße.
Statt an sich selbst festzuhalten, führt er den Einzelnen
jedoch in Beziehung und Kontakt und lehrt uns,
uns als Teil des Großen Ganzen zu empfinden,
uns dem Strom des Lebens anzuvertrauen und in Liebe
hinzugeben. So können wir die Schwelle überschreiten
und das Wasser aus den Tiefen des Kosmos schöpfen.*

Was für ein liebevolles Geschenk an das Leben ist dieser sanfte und sympathische Pflanzenhelfer doch! Er ist prädestiniert, uns am Tor der Werte zu zeigen, dass alles, was das Leben hervorbringt, Sinn und Bedeutung hat. Unter dem Einfluss seines Duftes können wir innere Ruhe und Gleichgewicht in uns Einzug halten lassen. Die Entdeckung der Langsamkeit wird uns durch diesen Duft als Qualität vermittelt.

Sandelholz ist der »tragende Boden«. Es öffnet den Energiekanal zu den Kräften der Erde, wandelt die Angst um und räumt den Weg zur inneren Kraftquelle frei. Damit ist es ein Sinnbild der Lebenskraft, wie sie durch alle Phasen des Lebensprozesses fließt. Aus der Liebe geboren und von schützenden Kräften gegen Unbill aller Art begleitet, können wir einen Weg einschlagen, der angenehme und erfüllende Möglichkeiten verspricht. Balsamisch-weich liebkost das Leben sich mit diesem Duft selbst über die Sinne. Die Gegensätze treffen aufeinander und werden zur Einheit. Jegliche Vorstellung von Mangel weicht vor dieser Fülle. Der Traum erfüllt sich, wenn das eine im anderen aufgeht. Auch der Moment des Loslassens wird zur Erfüllung, denn der Mensch ist in seiner Mitte angekommen und bereit, den Schritt über die Schwelle zu tun.

Der geräucherte Duft ist warm, balsamisch und sanft und eignet sich hervorragend für Mischungen aller Art. Kühlend und neutralisierend kann er bei Entzündungen und nervösen Spannungen Linderung bringen. Er kann den Egoismus im Körper dämpfen und eine Atmosphäre des Friedens und der Einkehr schaffen. Schon seit Menschengedenken ist er Bestandteil kultureller und religiöser Praktiken auf der ganzen Welt, und bis heute eine unverzichtbare Komponente der Parfümwelt. Er mischt sich gut mit fast allen anderen Düften, fügt sich in jede Komposition harmonisierend ein und dient als Fixativ.

Für die Inder führt Sandelholz als Übergangshelfer in eine bessere Wiedergeburt. Seine Yin-Heilkraft (beruhigend, bitter, kühlend, zusammenziehend) weist in der Wirkung auf Blase und Niere (Partnerschaft/Beziehung) sowie Atemwege auf das Thema Kontakt und Verbindung hin.

Der Baum selbst zeichnet sich durch ein so extrem hartes Kernholz aus, dass selbst Termiten ihn meiden. Er ist ein Halbparasit, bekannt dafür, in symbiotische Beziehung zu seiner Umwelt zu treten. Über seine Wurzeln nimmt er Kontakt mit anderen Bäumen auf und bezieht Strukturkräfte von ihnen.

Erhältlich als Räucherstoff und ätherisches Öl
Elementarkraft: Erde
Schwerpunkt: Gefühl

Vetiver
Vetiveria zizanoides / *Andropogon muricatus*

»Sich annehmen und lieben«

*Es ist der männliche Anteil, der hier integriert werden will.
Verdrängte, tief liegende Angst vor aggressiven Elementen
wird vom Aroma des Vetiver berührt. Einen starken Schub
hin zu Ruhe und Toleranz erfährt der Mensch, der sich
diesem Duft öffnen kann. Es ist nicht der Impuls schneller
Lösungen, sondern ein langsamer und nachhaltiger Prozess
der Erneuerung, bis man sich mit allen Teilen seiner selbst
angefreundet hat.*

Als Schutzkraft am Tor der Werte vermittelt Vetiver die Gewissheit, dass mit etwas Ausdauer alles zu einem guten Ende gebracht werden kann. Und manchmal kann gerade ein erholsames Schläfchen diese Sicherheit in uns wieder erstarken lassen.

Es ist ein männlicher Duft, der uns zum Ur-Weiblichen zurückführt, indem er eine solide Erdung schafft. Zugleich hilft er uns, den männlichen Anteil in uns zu akzeptieren und zu integrieren, denn erdend und erotisierend legt er einen maskulinen Schutzmantel um die Gegebenheiten. Für die Seele errichtet er einen Schutzwall gegen äußere Einflüsse.

Vetiver hilft uns, unerlöstes Leid zu verarbeiten. Dort, wo Bitterkeit über erlittene Gewalt eine Mauer der Ablehnung hinterlassen hat, kann auch kein Kontakt mehr zustande kommen. Man schottet sich ab und es herrscht totaler Mangel an Toleranz. Diesem Zustand begegnet Vetiver, wenn er uns zu den eigenen Wurzeln zurückführt, uns unsere erstarrte Abwehrhaltung aufgeben und das Herz wieder deutlicher wahrnehmen lässt. Das kann sich anfühlen, als wenn lang ersehnter Regen auf ausgedörrten Boden fällt. Dann riecht es nach neuem Leben, die innere Kraft kehrt zurück, Sicherheit und Vertrauen entstehen und wir können uns annehmen und lieben, wie wir sind.

Rauchig-holzig-erdig mit einem bitteren Unterton kann Vetiver zur Steigerung der Körperwahrnehmung in Meditationsmischungen verwendet werden. Aus den Wurzeln wird das ätherische Öl gewonnen, das schon seit der Antike hoch geschätzt wird. Man nennt es das »Öl der Ruhe« und es ist eine Basisnote mit dunkel rauchig-erdigem Charakter, dem Steinbock-Prinzip zugeordnet. Die Parfümeure schätzen ihn als unerklärlichen, fast magischen Duft und hervorragendes Fixativ.

Als Schutz gegen Ratten, Käfer und Ungeziefer aller Art werden noch heute in Indien Matten aus dem dichten Wurzelnetz geflochten und vor Fenster und Tür befestigt. Sie werden angefeuchtet und wenn das Wasser dann verdunstet, trägt es den kühlenden Duft als Abwehrmittel in die Luft und wirkt gleichzeitig entspannend und schlaffördernd. Bei Schwächezuständen und Niedergeschlagenheit, nervösen Spannungen und dergleichen wirkt der Duft von Vetiver beruhigend und lösend. In spirituellen Dhoops und ayurvedischen Räucher-Rezepturen (entgiftend) wird er eingesetzt und als »Duft der sich erneuernden Erde« bezeichnet. Bei Altersproblemen dient Vetiver medizinisch als Aufbau- und Kräftigungsmittel insbesondere zur Herzstärkung, und als Öl äußerlich angewendet wirkt es regenerierend auf die Haut. Auch als Aphrodisiakum ist er bekannt und wird für Weihehandlungen aller Art geräuchert.

Erhältlich als ätherisches Öl und Räucherstoff
Elementarkraft: Erde
Schwerpunkt: Körper

Weihrauch
Boswellia carteri / Boswellia sacra

»Seele verkörpert sich«

Die Gestalt dieses Wüstenbaumes gleicht einem
auf der Spitze stehenden Dreieck. Er öffnet sich fächerförmig
zum Sonnenlicht. Sein Duft ist ein Überbringer
der Licht- und Lebensbotschaft am Punkt der größten Not.
Der mystische Duft des geräucherten Weihrauchharzes
hilft uns dabei, Schicksalsschläge anzunehmen,
über die Trauer zu innerem Frieden zu gelangen
und Kraft für einen neuen Anfang zu finden.

Am Tor der Werte sollen Ideen von der Liebe getragen zu Realität werden. Weihrauch als aromatischer Führer schafft Durchlässigkeit für höhere Schwingungen und unterstützt damit den Prozess des Werdens. Mit geklärtem Geist und emotionaler Ruhe können wir uns auf das Wesentliche konzentrieren und unsere Lebensziele besser ansteuern. Die Gesetze des Lebens gilt es hier zu verstehen, um die Verbindung zwischen körperlichem Dasein und Spiritualität zu erfahren.

Der große mystische Duft des Weihrauchharzes ist ein guter Begleiter, wenn es um Abschied und die Bewältigung von Trauer geht. Er hilft inneren Frieden mit dem geliebten Menschen zu finden, zu verzeihen und loszulassen. Auch den tieferen Sinn schwieriger Umstände lässt er uns leichter annehmen, weil er das Wissen um die Ewigkeit des spirituellen Seins vermittelt.

Seine Bedeutung als Räucherstoff für Reinigung, Meditation und Sensibilisierung für hohe Schwingungen ist enorm. Er hat jedoch eine so starke Botschaft, dass viele Menschen davor zurückschrecken. Es ist, als würde man unter der Lichtkraft einen Blick in den Orkus werfen. Dieses Reich der Dunkelheit ist aber innen und nicht außen. Das ist intuitiv spürbar unter dem Einfluss dieses Duftes und macht manchen Menschen Angst.

Schon die Signatur dieses sagenumwobenen Baumes weist auf den großen Vermittler der Lichtkräfte hin, der in ihm steckt. Das Wundharz, welches er in Tränen absondert, erfüllt für ihn auch eine Schutzfunktion gegen die lebensbedrohliche Einstrahlung der Sonne. In diesem Harz steckt seine allumfassende Lebens- und Lichtbotschaft.

Olibanum, wie er handelsüblich genannt wird, ist eine der wichtigsten Räuchersubstanzen der Menschheit und wird weltweit in der Räucherwerkproduktion eingesetzt. Ein heller Duft mit leichter Zitrusnote zeugt von Qualität. Schon in der Vergangenheit wurde er nicht nur als Duftstoff, sondern auch als Arznei gewürdigt. In der Hautpflege, bei Atemwegserkrankungen, für den Urogenitalbereich und bei stressbedingten Nervenbelastungen wird er medizinisch empfohlen. Weihrauch greift offenbar aktiv in Entzündungsprozesse ein, vor allem bei chronisch entzündlichen Prozessen, wie sie etwa bei Rheuma oder bestimmten Darmkrankheiten ablaufen. Das weist wieder auf die Feuer hemmende Eigenschaft dieser starken Baumpersönlichkeit hin.

Erhältlich als ätherisches Öl und Räucherwerk
Elementarkraft: Feuer
Schwerpunkt: Körper

Anhang

Adlerholz *Aquilaria agallocha*
Seidelbastgewächse / Thymeleaceae
Syn.: Agarwood, Aloeholz, Agaro, Gharubaum
Pflanzenteil: Holz
Elementarkraft: Erde – Schwerpunkt: Körper
 In der Tiefe der Wälder Assams und in Indonesien, Kambodscha und Vietnam wächst der Adlerholzbaum. Der edle Duft dieses Holzes entsteht erst im Zerfallsprozess, wenn es von einer bestimmten Pilzart (Phomopsis aquilariae) befallen wird. Im Todeskampf entwickelt der Baum noch ein Abwehrbalsam gegen diesen Befall, das dann Teile des Holzes wasserresistent, widerstandsfähig und oft schwerer als Wasser werden lässt. Je harzig-dunkler und schwerer, desto wertvoller wird dieses Holz.

Alant *Inula helenium*
Korbblütler / Asteraceae
Syn.: Glockenwurz, Odinskopf, Sonnenwurz, Schlangenwurz, Helenenkraut, Elfenampfer etc.
Pflanzenteil: Wurzel
Elementarkraft: Wasser – Schwerpunkt: Geist
 Diese kraftvolle Pflanze wächst als bis zu 2,50 m hohe Staude bevorzugt an Ufern und in feuchten Wäldern. Sie mag besonders gern leicht feuchten, humosen und auch lehmigen Boden ohne Staunässe, obwohl sie durchaus auch große Trockenheit vertragen kann. Sie stammt ursprünglich wohl aus Europa und Asien, ist heute aber auch in Nordamerika verbreitet. Sie hat einen robusten, behaarten Stängel, ovale, spitz zulaufende Blätter, die auf der Unterseite samtig weich sind, große goldgelbe, etwas zerzaust wirkende Korbblüten und einen großen und fleischigen Wurzelstock.

Angelika *Angelica archangelica*
Doldenblütler / Apiaceae
Syn.: Engelwurz, Erzengelwurz, Brustwurz
Pflanzenteil: Wurzel
Elementarkraft: Erde – Schwerpunkt: Gefühl
 Beheimatet ist diese mächtige 2- bis 4-jährige Staude in Europa und Sibirien. Ursprünglich soll sie aus Island und Lappland stammen und heute kann man sie überall in den nördlichen Bereichen Europas und Asiens antreffen.

Sie bevorzugt kühle, feuchte Areale und man findet sie auf Wiesen, an Waldrändern und Uferböschungen. Aus ihrer kraftvollen Wurzel wächst ein dicker Schaft, der bis zu 2,50 m Höhe erreichen kann. Die weißen Blütendolden verbreiten einen intensiven aromatischen Duft nach Sellerie und Ananas. Nach einmaliger Blüte und Fruchtreife stirbt die Pflanze.

Benzoe siam *Styrax tonkinensis / Anthostyrax tonkinensis*
Styraxgewächse / Styraceae
Pflanzenteil: Harz
Elementarkraft: Wasser – Schwerpunkt: Gefühl
Dieser bis zu 20 m hoch wachsende Styraxbaum mit seiner schokoladefarbenen dünnen Rinde wächst in Laos, Vietnam, Thailand, Malaysia und Kambodscha. Er wird durch Anritzen der Rinde bis auf das Holz verletzt und die austretende Wundabsonderung wird, wenn sie eine rötlich-braune Farbe annimmt, als Benzoeharz geerntet. Es ist leicht zerbrechlich und an den Bruchstellen zunächst weißlich, bevor es durch die Luft goldbraun nachdunkelt.

Bergamotte *Citrus bergamia*
Rautengewächse / Rutaceae
Pflanzenteil: Schale
Elementarkraft: Luft – Schwerpunkt: Geist
Die Bergamotte ist eine Zitrusfrucht, deren Herkunft unsicher ist. Vermutlich ist sie entweder eine Kreuzung aus Zitrone und Pomeranze, oder sie ist aus einer natürlichen Kreuzung anderer Elternteile hervorgegangen. Interessant ist, dass sie sich biochemisch stark von anderen Zitrusfrüchten unterscheidet. Das ätherische Öl wird aus der Schale der Frucht gepresst und ist seit Mitte des 18. Jahrhunderts eine wichtige Duftkomponente der Parfümindustrie.
Die Pflanze wird etwa 4 m groß, hat unregelmäßige Äste und ihre Blätter sind dunkelgrün, länglich und glatt. Zumeist ist der Blattstiel auffallend geflügelt. Sie blüht im Frühjahr, ihre Früchte werden aber erst spät von November bis März geerntet. Die Frucht ist rund, hat ein Gewicht von 100 bis 200 Gramm und ist bei der Ernte zitronengelb. Einige Selektionen erbringen aber auch schwerere Früchte. Die Bergamotte wird nur entlang einem schmalen, etwa einhundert Kilometer langen Küstenstreifen zwischen dem Ionischen und dem Tyrrhenischen Meer in Kalabrien angebaut.

Cassiazimt *Cinnamomum cassia / Cinnamomum aromaticum nees*
Lorbeergewächse / Lauraceae
Syn.: Chinesischer Zimt

Pflanzenteil: Rinde
Elementarkraft: Feuer – Schwerpunkt: Gefühl

Im Südwesten Chinas ist dieser schlanke, immergrüne Baum heimisch, wo er gestutzt als Strauch für kommerzielle Nutzung kultiviert wird. Er erreicht 15 bis 20 m Höhe und seine Baumrinde wird als Gewürz und Räucherstoff verwendet. Zimt kommt ursprünglich aus China und Sri Lanka, wird aber in ganz Südostasien kultiviert. Auch in Vietnam und Indien ist er zu finden. Aus Rinde, Zweigen, Blättern sowie den getrockneten Blütenknospen werden wegen ihrer aromatischen Qualität (Zimtaldehyd) auch ätherische Öle mit keimtötender, schmerzlindernder und verdauungsfördernder Wirkung gewonnen. Die Asiaten räuchern Cassia auch gerne zur Abwehr von Insekten.

Citronella *Cymbopogon nardus*
Süßgräser / Poaceae.
Pflanzenteil: Blätter, Halme
Elementarkraft: Luft – Schwerpunkt: Körper

Ursprünglich stammt Citronella aus Südwestasien (Sri Lanka) und ist eine der etwa 30 Arten aus der Familie der Süßgräser. Als leicht zu kultivierende mehrjährige Pflanze wird es heute überall in den Tropen angebaut. Citronella braucht viel Sonne und eine bestimmte Menge an Niederschlag pro Jahr, sowie einen warmen Boden, wobei kühle und feuchte Perioden nicht toleriert werden. Die langen blaugrünen Blätter der Citronellastaude verströmen einen zitronigen Duft, insbesondere wenn man sie zwischen den Fingern zerreibt.

Copal *Protium copal / Bursera spp.*
Balsambaumgewächse / Burseraceae
Pflanzenteil: Harz
Elementarkraft: Luft – Schwerpunkt: Geist

Der Begriff Copal umfasst heute die Harze einer Vielzahl von Bursera-Arten auch aus Asien und Afrika, wobei der Ursprung vom aztekischen »copalcoahuitl« abgeleitet ist und das Harz eines mesoamerikanischen Balsambaumes bezeichnet, der etwa 15 m hoch wird. Früher wuchs dieser Copalbaum nur in Mexiko, heute wird er aber auch in Westafrika, Indien, Madagaskar, Mosambik, Sansibar, Manila und im Kongo angebaut.

Dammar *Canarium strictum / Shorea wiesneri*
Zweiflügelfruchtgewächse / Dipterocarpaceae
Pflanzenteil: Harz
Elementarkraft: Luft – Schwerpunkt: Geist

Dieses weiße Harz stammt von dem malaysischen Damara, einem hoch wachsenden, rötlichbraunen Baum, der in Südostasien beheimatet ist und dort in den immergrünen Regenwäldern in Höhenlagen bis zu 2000 m relativ häufig zu finden ist. Die Gewinnung von Dammarharz erlaubt den Einwohnern eine nachhaltige Nutzung des Tropenwaldes ohne Raubbau, wobei immer wieder aus Gewinnsucht auch Feuer eingesetzt wird, um das Harz schnell zum Fließen zu bringen. Unterschiedliche Harze in dunkleren Farben werden bisweilen unter dem Begriff Dammar gehandelt werden. Das echte Harz ist hell bis transparent und weiß bestäubt.

Edeltanne *Abies alba*
Pinaceae / Rautengewächse
Pflanzenteil: Schale
Elementarkraft: Luft – Schwerpunkt: Geist
In den Bergmischwäldern von Alpen, Alpenvorland und Mittelgebirge hat die Tanne einen Anteil von 20-30 %. Tannen erreichen eine Höhe bis zu 70 m, einen Stammdurchmesser bis zu 3 m und können bis 800 Jahre alt werden. Sie kommen bei uns kaum irgendwo im Reinbestand vor. Man findet sie in botanischen Variationen in der gesamten nördlichen Hemisphäre der Erdkugel bis in den Himalaya und nach China.
Tannen sind duldsam, können lange im Schatten anderer Bäume ausharren und sich später zu mächtigen Bäumen entwickeln. Um auch bei wenig Licht zu überleben, braucht der Tannenkeimling größere Rohstoff-Reserven als andere Nadelbäume. Der Samen der Tanne ist sechsmal schwerer als der Samen der Fichte. Tannenkeimlinge können überleben, wenn es für Keimlinge anderer Baumarten noch zu dunkel ist. In einem sich langsam erneuernden Bergmischwald erhalten junge Tannen dadurch einen erheblichen Altersvorsprung. Um bei Lichtmangel nicht abzusterben, breiten sie ihre Äste horizontal aus, um auch jede noch so kleine Lichtmenge aufzufangen. Zusätzlich bilden sie Schattennadeln aus. Alle Lebensfunktionen dieser unterdrückten Tannen werden auf ein Minimum reduziert. Sie wachsen nicht mehr nach oben und nur noch mit extrem schmalen Jahrringen in die Dicke, und bilden keine Samen. Ihre Nadeln enthalten sehr viel Stickstoff und Kalk und sind von einer Wachsschicht überzogen, die das aufgenommene Wasser vor der Verdunstung schützt. Diese Nadeln verbleiben etwa zehn Jahre am Baum.

Eichenmoos *Evernia prunastri*
Flechtengewächse / Usneaceae
Syn.: Eichenlunge, Lungenmoos

Pflanzenteil: Flechte
Elementarkraft: Erde – Schwerpunkt: Körper
Wächst auf unterschiedlichen Bäumen, vorzugsweise Eichen, und wird im europäischen Raum insbesondere in Frankreich, im Balkan, Griechenland, aber auch in Marokko, Algerien und Nordamerika gesammelt. Flechten sind ein Zwitterwesen, zu deren Entstehung in Urzeiten Alge und Pilz eine Symbiose eingegangen sind. Sie produzieren z. B. eine Säure, mit der Stein zu nahrhaftem Boden verwandelt wird.

Eisenkraut *Verbena officinalis*
Eisenkrautgewächse / Verbenaceae
Syn.: Isenkraut, Druidenkraut, Traumkraut
Pflanzenteil: Kraut
Elementarkraft: Luft – Schwerpunkt: Geist
Die mehrjährige Pflanze mit kurzem Wurzelstock wächst in ganz Europa als ausdauernde Pflanze an Wegrändern, Mauern, auch auf kargem, steinigen Boden und wird 50–70 cm hoch. Auf teilweise verholzter Basis mit gezähnt und gefiederten Blättern und sehr langen Stielen sitzen die kleinen weiß-blauen Blüten.
Die Pflanze nimmt ihren Raum sehr expansiv ein, ohne dass sie physisch »dicht« erscheint. Man steht vor der in voller Kraft stehenden Staude und kann doch jedes Detail des darunter liegenden Bodens erkennen. Ihre neugierigen, mikroskopisch kleinen Blütenköpfchen schlängeln sich an langen Stielen in jeden Winkel des sie umgebenden Terrains, wo dann prompt im nächsten Jahr die junge Saat massiv hervorsprießt.

Elemi *Canarium luzonicum*
Balsambaumgewächse / Burseraceae
Syn.: Manila-Elemi
Pflanzenteil: Kraut
Elementarkraft: Feuer – Schwerpunkt: Geist
Auf den Philippinen und den Molukken ist dieser bis zu 30 m hohe tropische Baum zuhause und wird dort auch kultiviert. Bei Verletzungen der Rinde sondert er einen Saft aus Harz und ätherischen Ölen ab, der einen sehr beißenden Geruch hat. Nach längerer Trocknung erstarrt er zu einer weichen, pastenartigen Konsistenz und wird durch ein Extraktionsverfahren dann zu dem festeren Resinoid verarbeitet. Aus dem Harz wird auch ein ätherisches Öl mit einem grün-waldig, würzig-frischem Duft destilliert.

Eukalyptus *Eucalyptus globulus*
Myrtengewächse / Myrtaceae
Pflanzenteil: Früchte
Elementarkraft: Feuer – Schwerpunkt: Körper
Mit bis zu 6 m Stammdurchmesser und 155 m Höhe gehört der Eukalyptusbaum zu den mächtigsten Gewächsen der Erde. Er ist zwar schnellwüchsig, entwickelt aber dennoch ein hartes und fäulnisresistentes Holz. Ursprünglich kommt er aus Australien und Tasmanien. Seine Blätter sind in jungem Zustand herzförmig, blaugrün und laufen später an beiden Enden spitz zu. Seine Fruchtstände bilden kleine Trauben, die sternförmig an kleinen Stielen sitzen. Blätter, Zweige und Fruchtstände duften stark.

Galgant *Alpinia galanga*
Ingwergewächse / Zingiberaceae
Syn.: Radix galanga, Kolikwurzel
Pflanzenteil: Wurzel
Elementarkraft: Feuer – Schwerpunkt: Körper
Man findet wilde Vorkommen dieser schilfartigen Pflanze auf der Südseite des Himalaya in waldigen Arealen. Die mehrjährige Staude gleicht ein wenig der Schwertlilie mit orchideenartigen, rotgeäderten Blüten und wächst auch in Thailand und China. Die Stiele erreichen eine Höhe von bis zu 1,5 m. Die kräftige Wurzel (Rhizom) wächst waagerecht bis zu 1 m lang, riecht ingwerartig und ist als sehr altes Heilmittel bekannt.

Geranium *Pelargonium graveolens*
Storchschnabelgewächse / Geraniaceae
Pflanzenteil: Blüte
Elementarkraft: Wasser – Schwerpunkt: Gefühl
Diese Pflanze aus der weltweit verbreiteten Familie der Storchschnabelgewächse (pelargos – griech. = Storch und gravelons – lat. = stark duftend) stammt ursprünglich aus Südafrika und kommt auch in Zimbabwe und Mozambik vor. Der Name bezieht sich auf die Form der Frucht, die dem Schnabel eines Storches gleicht. Die Duftgeranie benötigt warme, feuchte Sommer und milde Winter mit ausreichend Regen. Am häufigsten findet man sie in geschützten Bergregionen mit ausgeprägter Vegetation. Die mehrjährige Staude wächst sowohl aufrecht als auch kriechend bis 1 m hoch, ihre Blätter duften bei Berührung, da sie ein Kontaktdufter ist. Die Blüten sind pink-weiß. Geranium wird gerne zum Strecken des teureren Rosenöls eingesetzt, es ist ein guter Imitator der Königin der Blumen.

Goldcopal *Bursera spp.*
Balsambaumgewächse / Burseraceae
Syn.: Copalquahuitl, Pom, Copal oro
Pflanzenteil: Harz
Elementarkraft: Feuer – Schwerpunkt: Gefühl
Kopal ist ein Sammelbegriff für unterschiedliche Naturharze aus aller Welt, die auch fossiler Art sein können. Der Name ist vom aztekischen »copalli« bzw. »copalquahuitl« abgeleitet. Der mesoamerikanische »copal oro« stammt aus ursprünglicher Quelle als Harz eines dornigen Balsambaumes der großen Familie der Bursera-Arten. Sie erreichen eine Höhe von maximal 15 m und ähneln den Weihrauch- und Myrrhebäumen Arabiens. Das Harz wird ebenso während der Trockenheit als Schutz gegen die Sonneneinstrahlung ausgeschwitzt.

Grapefruit *Citrus paradisi*
Rutaceae / Rautengewächse
Pflanzenteil: Schale
Elementarkraft: Luft – Schwerpunkt: Geist
Dies ist eine schnellwüchsige, bis zur Baumgröße heranwachsende Zitruspflanze. Die Pflanze ist sehr wärmeliebend und darf längerfristig keinen Temperaturen unter 10 °C ausgesetzt werden. Blätter und Blüten ähneln denen der Apfelsine, wobei die Blätter jedoch stärker geflügelt sind.

Guggul *Commiphora mukul*
Balsambaumgewächse / Burseraceae
Syn.: Indisches Bdellium, Guggula
Pflanzenteil: Harz
Elementarkraft: Wasser – Schwerpunkt: Gefühl
Das Harz stammt von einem kleinen, dornigen, strauchartigen Baum, der in trockenen, steinigen Gegenden im zentralen und nördlichen Indien und Pakistan beheimatet ist. Er ähnelt sehr dem Myrrhebaum, wie auch die traditionelle Anwendung des Harzes ähnlich und bereits in uralten Schriften belegt ist. Das Harz wird durch Einschnitte in die Rinde wild wachsender Bäume geerntet. Um diese Verletzung zu schließen, sondert der Baum sein Harz ab.

Himalaya Wacholder *Juniperus macropoda*
Zypressengewächse / Cypressaceae
Syn.: Tibetisch: shug pa
Pflanzenteil: Zweigspitzen
Elementarkraft: Feuer – Schwerpunkt: Geist

Ein kraftvolles Gewächs, das strauchartig oder als Baum 10–20 m hoch wächst und im Himalaya in Höhen bis 4000 m zu finden ist.

Hoholz / Hoblätter *Cinnamomum camphora*
Lauraceae / Lorbeergewächse
Pflanzenteil: Blätter, Stamm
Elementarkraft: Luft – Schwerpunkt: Gefühl

Der zwischen 20 bis 50 m hoch wachsende Ho-Baum (hon-scho) mit bis zu 6 m Stammdurchmesser und ausladender Krone stammt ursprünglich aus China, Japan, Korea, Taiwan und angrenzenden Gebieten im ostasiatischen Raum. Er gedeiht in Trockenwäldern und gut durchlässigen Böden an Flussufern. Heute ist er auch an vielen anderen Orten der Welt, insbesondere in Australien, heimisch geworden. Heutzutage wird Hoholz- und Hoblätteröl in der Aromatherapie gerne als Ersatz für das in seiner Existenz bedrohte Rosenholz eingesetzt, da es identische Eigenschaften aufweist.

Kakaoschale *Theobroma cacao L.*
Sterkuliengewächse / Sterculiaceae
Syn.: Cacao
Pflanzenteil: Fruchtschale
Elementarkraft: Wasser – Schwerpunkt: Gefühl

Aus den tropischen Regenwäldern Mittelamerikas stammt der immergrüne Kakaobaum, der von den Azteken »Cacahuatl« genannt wurde. Der lange, dünne Unterholzbaum, der im Schatten großer tropischer Bäume wächst, wird 10–15 m hoch und seine ganze Erscheinung sondert Duft ab.
Er hat große, glatte, schwertartige Blätter, die das ganze Jahr grün sind. Direkt aus dem Stamm und den dicken Ästen wachsen das ganze Jahr köstlich duftende Blüten und bringen auch über das ganze Jahr hindurch Früchte hervor. Der Kakaobaum bildet erst im Alter von 2 bis 3 Jahren Blüten. Die größte Anzahl an Blüten erreicht er im Alter von zehn bis zwölf Jahren, dann kann die Zahl der Blüten bis zu 100.000 pro Jahr betragen. Die ca. 20 x 9 cm großen ledrig-holzigen Früchte enthalten bis zu 50 bohnenförmige Samen, die geröstet und zur Verarbeitung aufgebrochen werden.

Kalmuswurzel *Acorus calamus / Calamus aromaticus*
Aronstabgewächse / Araceae
Syn.: Ackerwurz, Magenwurz, Deutscher Ingwer (Zitwer), Sanskrit: vasha (Kraft des Wortes)
Pflanzenteil: Wurzel

Elementarkraft: Wasser – Schwerpunkt: Gefühl
Diese schilfähnliche Sumpfpflanze mit schwertförmigen Blättern wächst am Ufer von Seen und Flüssen. Sie ähnelt der Schwertlilie, ist in Indien und Burma heimisch und bildet einen waagerechten, bis 1 m langen Wurzelstock, der fleischige Knollen nach unten in den Schlamm treibt. Seit dem 16. Jahrhundert verbreitet sie sich auch in Europa und Nordamerika.

Kampfer *Cinnamomum camphora*
Lorbeergewächse / Lauraceae
Syn.: Echter Kampfer, chin. Drachengehirn
Pflanzenteil: Harzkristall
Elementarkraft: Feuer – Schwerpunkt: Körper
Der mächtige, immergrüne Kampferbaum ist in Südostasien beheimatet. Er wächst knorrig verzweigt, wird bis zu 50 m hoch und kann einen Durchmesser von bis zu 5 m erreichen. Er trägt kleine grün-gelb-weißliche Blütenbüschel, aus denen rote Beeren hervorgehen. Ab ca. 50 Jahren beginnt er, den kristallinen rohen Kampfer abzuscheiden, der dann auch aus dem Holz destilliert wird.

Kardamon *Elettaria cardamomum*
Ingwergewächse / Zingiberaceae
Pflanzenteil: Frucht
Elementarkraft: Feuer – Schwerpunkt: Gefühl
Eine mehrjährige, schilfartige Pflanze aus der Familie der Ingwergewächse, die in Südindien und Sri Lanka heimisch ist und mittlerweile in ganz Südostasien angebaut wird. Kardamom wächst wild in den unteren Etagen des tropischen Regenwaldes, insbesondere in den Ghat Mountains an der Malabar-Küste Südwestindiens, in den so genannten »Cardamom Hills« in Höhenlagen zwischen 700 und 1500 m, wo er ausreichend Feuchtigkeit vorfindet. Ein auf dem Boden kriechender Wurzelstock bringt schilfrohrartige Blattstängel hervor. Weiße Blüten mit rosa- bis lilafarbenen Streifen sitzen an lockeren Ähren und bilden grünliche Saatkapseln aus. Diese haben drei Fächer, in denen je 5 bis 6 aromatische Samenkörner sitzen.

Kiefer *Pinus sylvestris, Pinus montana*
Kieferngewächse / Pinaceae
Syn.: Colophonium (Harz), Föhre
Pflanzenteil: Harz
Elementarkraft: Luft – Schwerpunkt: Geist

Diese immergrüne Konifere erreicht eine Höhe von bis zu 40 m, hat rötlich-schwarze Rinde und paarweise wachsende lange Nadeln. Sie hat eine flache Krone, gedeiht auch in Grenzzonen und ist anspruchslos. Sie ist in ganz Europa heimisch und wird in Russland und in den USA kultiviert. Das Harz tritt aus Rissen in der Rinde aus, und kann das ganze Jahr hindurch gesammelt werden. Das Kolophonium (Geigenharz) wird aus dem Kiefernbalsam destilliert und die Wasserrückstände verdampft, dadurch erhält es seine glasartig goldene Konsistenz.

Bergkiefer (Pinus montana) und Latschenkiefer (Pinus mugo) sind anspruchslose kleinere Bäume mit breiter lockerer Krone oder Büsche mit bogig aufsteigenden Ästen, die sich in Grenzzonen bis zu 2300 m Höhe in Zwergform ansiedeln.

Lavendel *Lavandula angustifolia / Lavandula vera / Lavandula officinalis*
Lippenblütler / Lamiaceae
Syn.: Kleiner Speik
Pflanzenteil: Blüten
Elementarkraft: Wasser – Schwerpunkt: Geist

Eine immergrüne, stark duftende Staude mit holziger Basis, die bis zu 1 m hoch wächst. Sie hat hellgrüne schmale Blätter und blauviolette Blütenrispen an langen nackten Stängeln. Sie stammt ursprünglich aus dem Mittelmeerraum und wird heute in der ganzen Welt angebaut.

Diese klassische Heil- und Gewürzpflanze wächst kissenartig auf einem trockenen, nährstoffarmen und kalkreichen, aber lockeren Boden in voller Sonne. Die beste Qualität an ätherischem Lavendelöl wird in Höhenlagen über 800 m gewonnen. Während Lavendel ein Magnet für Bienen und Schmetterlinge ist, stößt er Blattläuse regelrecht ab.

Lemongras *Cymbopogon citratus / Andropogon citratus / Cymbopogon flexuosus*
Süßgräser / Poaceae
Syn.: Zitronengras, Vervaine ind.
Pflanzenteil: Blätter, Halme
Elementarkraft: Feuer – Schwerpunkt: Geist

Ursprünglich aus Asien stammend, wird dieses schnell wachsende aromatische Gras hauptsächlich in Indien, aber auch in der Karibik und in Afrika angebaut. In tropischen Regionen kann es bis zu 2 m hoch wachsen, bildet Horste aus langen graugrünen Blättern und entwickelt ein ausgedehntes Wurzelwerk, das den Boden in kurzer Zeit auslaugen kann.

Es gedeiht am besten auf sandigem Ton und liebt Feuchtigkeit. Bemerkenswert ist, dass nach dem zweiten Jahr des Anbaus Unkraut nicht mehr beseitigt werden braucht, da starke Zitronengraskulturen das Wachstum von Unkraut aus eigener Kraft unterdrücken und damit ihre territoriale Durchsetzungskraft an den Tag legen.

Das ätherische Öl ist auf der Haut mit Vorsicht und nur verdünnt anzuwenden, da es eine starke Reizwirkung ausüben kann und phototoxisch wirkt, d. h. Sonneneinstrahlung extrem verstärkt.

Limette *Citrus aurantifolia*
Rautengewächse / Rutaceae
Syn.: Limone
Pflanzenteil: Früchte (Kaltpressung und Destillation)
Elementarkraft: Luft – Schwerpunkt: Geist

Ein etwa 4,5 m hoher immergrüner Baum mit harten spitzen Stacheln, weichen ovalen Blättern und kleinen weißen Blüten. Ursprünglich aus Südasien und dem Mittleren Osten stammend, ist dieser Baum heute in Mittelamerika und Italien sehr verbreitet und seine stark sauren grünen Früchte, die etwa halb so groß wie Zitronen sind, werden in erster Linie von der Getränkeindustrie verarbeitet. Das Öl wird kaltgepresst aus den Schalen oder destilliert aus den zerkleinerten und ausgepressten Früchten gewonnen.

Litsea cubeba *Litsea cubeba*
Lorbeergewächse / Lauraceae
Syn.: Litsea citrate, May Chang, tropische Verbena, Mountain pepper
Pflanzenteil: Früchte
Elementarkraft: Luft – Schwerpunkt: Geist

Dieser kleine, nach Zitronengras duftende Baum aus der Lorbeerfamilie ist in Ostasien, insbesondere in China, heimisch. Er erreicht eine Höhe von etwa 10 m, hat hellgrüne pfeilförmige Blätter an dünnen Zweigen und weiße Blütentuffs, die später zu kleinen grünen Früchten von der Größe eines Pfefferkorns heranreifen, aus denen dann das ätherische Öl destilliert wird.

Lorbeerblätter *Laurus nobilis*
Lorbeergewächse / Lauraceae
Syn.: Siegerbaum, Kranzbaum
Pflanzenteil: Blätter
Elementarkraft: Luft – Schwerpunkt: Geist

Der etwa 10 m hoch wachsende immergrüne Baum aus dem Mittelmeerraum hat dunkelgrüne Blätter, duftende kleine sternförmige Blüten, die sich zuerst in grüne und später schwarze Beeren verwandeln. Er wächst auch in Buschform. Die Blätter enthalten Drüsen mit ätherischem Öl. Die männlichen und weiblichen Blüten wachsen gemeinsam als kleine Dolde aus den Blattachseln.

Mastix *Pistacia lenticus*
Sumachgewächse / Anacardiaceae
Syn.: Mastixpistazie, Schinos
Pflanzenteil: Harz
Elementarkraft: Wasser – Schwerpunkt: Geist

Ein immergrüner Strauch, der auch als 3–4 m hoher Baum vorkommt. Er blüht von April bis Juni und bildet 4 mm große Früchte aus. Sein Verbreitungsgebiet ist der Mittelmeerraum, insbesondere an heißen, felsigen Plätzen. Er ist stark verzweigt und verströmt einen harzigen Duft. Das in kleinen Kugeln austretende Harz wird gesammelt, nachdem es sich durch Trocknung verfestigt hat. Die beste Qualität kommt seit jeher von der griechischen Insel Chios.

Moschuskörner *Hibiscus abelmoschus*
Malvengewächse / Malvaceae
Syn.: Ambrettesaat, Okra
Pflanzenteil: Saat
Elementarkraft: Wasser – Schwerpunkt: Gefühl

Vom immergrünen Busch bis zur einjährigen, bis zu 1,25 m hohen Pflanze mit cremegelben hibiskusartigen Blüten, finden wir Vertreter der Abelmoschus-Malvengewächse, die in den meisten Tropenländern kultiviert werden. Der Anbau der Einjährigen wird auch wegen der als Gemüse verzehrbaren grünen Okra-Schoten betrieben. In den Schoten der Immergrünen Abelmoschus moschatus reifen später die kleinen, nierenförmigen Saatkörner heran, die bei Erwärmung moschusartig duften.

Muskatellersalbei *Salvia sclarea L.*
Lippenblütler / Lamiaceae
Pflanzenteil: ätherisches Öl aus dem Kraut
Elementarkraft: Luft – Schwerpunkt: Gefühl

Robuste zwei- oder mehrjährige Pflanze aus der Familie der Lippenblütler, mit großen Blättern – grün mit leichtem Purpurstich – und stark duftenden kleinen blauen Blüten, die von hellblau über fliederfarben bis rosa variieren. Sie stammt aus dem östlichen Mittelmeerraum und gedeiht auf trockenem bis steinigem Lehmboden dort, wo es warm ist.

Muskatnuss *Myristica fragrans, Nux moschata*
Muskatnussgewächse / Myristicaceae
Pflanzenteil: Saat
Elementarkraft: Feuer – Schwerpunkt: Körper

Der immergrüne Baum wird bis 20 m hoch und stammt von den Molukken. Heute wird er auch in Indien, Indonesien (ostindisch) und der Karibik (westindisch) kultiviert. Die blassgelbe Frucht ähnelt der Aprikose in etwas länglicher Form. Wenn sie aufplatzt, gibt sie einen tiefroten Samenmantel frei, der den dunkelbraunen Samen umhüllt. Die Signalfarbe dieser Samenhaut steht auch für die stark vorwärts drängende Energie in der Wirkungsweise dieser Frucht. Getrocknet wechselt sie in ein warmes Gelb über und wird als so genannte Macisblüte angeboten, die ähnliche Eigenschaften in der Anwendung wie die Nuss selber besitzt. Die Muskatnuss enthält 15 % ätherisches Öl, welches wiederum zu etwa einem Siebtel aus Myristicin besteht, das eine halluzinogene Wirkung auf die motorische Gehirnrinde haben kann.

Myrrhe *Commiphora abyssinica*
Balsambaumgewächse / Burseraceae
Syn.: Hirabol-Myrrhe, echte Myrrhe, Arabische Myrrhe
Pflanzenteil: Harz
Elementarkraft: Erde Schwerpunkt: Gefühl

Als strauchartiger, wehrhafter Balsambaum, der bis zu drei Meter hoch wächst und mit sehr wenig Wasser auskommt, ist die Myrrhe in Nordostafrika und Südwestasien insbesondere um das Rote Meer herum heimisch. Sie hat dornige Zweige und dreiblättrige, Duft absondernde Blattstände. Das bei Verletzung der Rinde austretende Wundharz wird gesammelt, nachdem es erhärtet ist.

Myrte *Myrtus communis*
Myrtengewächse / Myrtaceae
Syn.: Korsischer Pfeffer
Pflanzenteil: Blätter
Elementarkraft: Feuer – Schwerpunkt: Geist

Dieser immergrüne Strauch oder kleine Baum von bis zu 3 m Höhe liebt feuchte, kalkarme Böden, stammt aus Nordafrika und ist heute im gesamten Mittelmeerraum zu Hause. Er hat lanzettförmige, glänzende Blätter, zarte weiße Blüten und kleine wacholderähnliche Beeren. Blätter und Blüten enthalten viel ätherisches Öl und duften krautig-frisch bis kampferartig.

Opoponax *Commiphora erythraea*
Balsambaumgewächse / Burseraceae
Syn.: Bisabol-Myrrhe, Süße Myrrhe
Pflanzenteil: Harz
Elementarkraft: Feuer – Schwerpunkt: Gefühl

Dieses bröckelige, rostrot bis schwarz-braun variierende Harz, auch Bisabol-Myrrhe oder süßes Bdellium genannt, entstammt einem myrrheähnlichen Balsambaumgewächs, das im arabischen bis ostafrikanischen Raum, insbesondere in Äthiopien und Somalia, beheimatet ist. Buschartig 3 bis 4 m hoch wachsend, kompakt mit knotigen Ästen und rechtwinklig abstehenden Zweigen, die in einem spitzen Stachel enden, wächst dieser Baum an der kargen Küste des Roten Meeres. Die spärlichen Blätter sind unterschiedlich klein, oval und ungeteilt. Der Stamm hat tiefe Rillen und Hohlräume, in denen sich das Sekret sammelt, das der Baum bei Verletzungen der Rinde reichlich absondert. Für die Ernte des Rohgummis wird der Stamm angeritzt und das austretende Gummiharz gesammelt, nachdem es an der Luft zu dunklen braunroten Klumpen getrocknet ist. Durch Alkoholextraktion wird ein Resinoid gewonnen, das in der Parfümerie einen hohen Stellenwert als Fixativ genießt. Das ätherische Öl wird durch Wasserdampfdestillation ausschließlich dem Rohharz entzogen. In der Aromatherapie gilt es als antiseptisch, zuammenziehend, wundheilend und krampflösend. Es lässt sich gut in Wasser lösen. Als Geschmacksmittel verleiht es Likören einen weinähnlichen Geschmack.

Orange *Citrus sinensis*
Rautengewächse / Rutaceae
Pflanzenteil: Schale
Elementarkraft: Luft – Schwerpunkt: Gefühl

Der Orangenbaum ist ein immergrüner, bis etwa 8 m hoch wachsender Baum mit runder Krone. Ursprünglich stammt er aus China, wie der botanische Namen andeutet, wo er bereits seit Jahrtausenden kultiviert wird. Erst seit dem späten Mittelalter wurde er auch in Europa bekannt. Die weißen Blüten duften angenehm, die glänzend grünen Blätter sind spitz zulaufend und am Grunde abgerundet. Die Frucht wird als Obst oder zu Herstellung von Saft verwendet, die Schale und das ätherische Öl zum Aromatisieren von Lebensmitteln.

Orangenöl wird kalt aus den Schalen gepresst. Kommt es mit der Haut in Berührung, so wird sie an dieser Stelle äußerst empfindlich für Sonneneinstrahlung, Irritationen sind möglich.

Palmarosa *(Cymbopogon martinii)*
Süßgräser / Poaceae
Pflanzenteil: Blätter
Elementarkraft: Wasser – Schwerpunkt: Gefühl
   Palmarosa ist eine wild wachsende Graspflanze aus der Familie der Süßgräser, mit langen schlanken Halmen und grasig-feinblumig duftenden Blättern. Sie stammt aus Südostasien und steht in großem Umfang zur Verfügung. Das Öl wird durch Wasserdampfdestillation gewonnen und ist eine frische Herznote mit einem leicht rosenartigen Hintergrund. Deshalb ist es auch gut als Streckmittel für das teurere Rosenöl geeignet.

Palo Santo *Bursera graveolens*
Balsambaumgewächse / Burseraceae
Pflanzenteil: Holz
Elementarkraft: Feuer – Schwerpunkt: Gefühl
   Dieser strauchartig, bis maximal 15 m hoch wachsende Balsambaum mit seinen vielen kleinen Verästelungen ähnelt ein wenig dem arabischen Weihrauchbaum. Er soll ursprünglich von der Insel Santa Cruz und den Galapagos-Inseln stammen und ist seit Tausenden von Jahren auch in den Trockenwäldern im Hochland von Peru heimisch. Er gilt als starker Baum, der unter harten Bedingungen gedeiht, und ist auch einer der Lieferanten für den südamerikanischen Copal.

Patchouli *Pogostemon patchouli / Pogostemon cablin*
Lippenblütler / Lamiaceae
Pflanzenteil: Kraut
Elementarkraft: Erde – Schwerpunkt: Körper
   Beheimatet in Malaysien, auf den Phillipinen und in Indonesien, wird dieser berühmte Vertreter aus der Familie der Minzarten heute auch in China, Indien, Australien, Madagaskar und Paraguay kultiviert. Der Busch wird etwa einen Meter hoch und hat breite, weiche, etwas pelzartige Blätter. Die Pflanzen lieben feuchtes, warmes Klima und fruchtbare Erde. Ihre 6–8 cm langen Blätter sind im frischen Zustand relativ geruchlos, wenn man sie nicht zwischen den Fingern reibt. Der intensive, waldig-herbe und zugleich rauchig-süße Duft des Patchouli tritt erst durch einen Gärungsprozess des getrockneten Pflanzenmaterials nach der Ernte ziemlich stark hervor. Erst danach wird das ätherische Öl herausdestilliert.

Petitgrain *Citrus aurantium var. amara*
Rautengewächse / Rutaceae
Syn.: Bittere Orange, Pomeranze
Pflanzenteil: Blätter, Zweige, unreife Früchte
Elementarkraft: Luft – Schwerpunkt: Geist
    Aus den Zweigen und Blättern des Bitterorangenbaumes wird das ätherische Öl destilliert, das als Petitgrain (= kleines Korn) bezeichnet wird. Die Bezeichnung stammt daher, dass früher in erster Linie die kirschgrossen unreifen Früchte zur Gewinnung dieses Öls verwendet wurden.

Pfefferminze *Mentha piperita*
Lippenblütler / Lamiaceae
Pflanzenteil: Kraut
Elementarkraft: Luft – Schwerpunkt: Körper
    Ein sich mit durchsetzungsstarken Kriechtrieben schnell ausbreitendes mehrjähriges Kulturkraut mit länglichen, gezähnten Blättern und lila bis rosa Blütenähren. Pfefferminze wird bis zu 90 cm hoch und ist eine Hybride zwischen M. aquatica und M. spicata, aus deren aromatischem Kraut eines der wichtigsten ätherischen Öle gewonnen wird.

Piñon-Pine *Pinus pinaster*
Kieferngewächse / Pinaceae
Syn.: Pinie
Pflanzenteil: Zweigspitzen
Elementarkraft: Feuer – Schwerpunkt: Geist
    Bis in Höhen von 1500 m findet man den kraftvollen Pionier der Baumwelt in den mexikanischen und kalifornischen Bergen. Er siedelt vorzugsweise auf mageren, steinigen Böden der Foothills auf Hochplateaus sowie in den Schluchten der Canyons auch gern in Gemeinschaft mit Eiche und Wacholder. Während Kieferngewächse allgemein eher das feuchte Areal bevorzugen, suchen sich die Mitglieder dieses Clans unwirtliche Standorte, wo sie allerdings dann auch ihren Raum individuell einnehmen, indem sie bisweilen wild verdrehte Äste rebellisch in alle Richtungen ausstrecken. Sie lieben es, wenn sie keiner nachbarschaftlichen Einschränkung unterliegen und ihre Individualität frei ausleben können.

Präriebeifuß *Artemisia tridentata californica, ludoviciana frigida, douglasiana*
Korbblütler / Asteraceae
Syn.: Desert Sage, Grey Sage, Wüstenbeifuß, Steppenbeifuß
Pflanzenteil: Kraut

Elementarkraft: Erde – Schwerpunkt: Körper
Dieses aromatische Wermut-Buschgewächs bedeckt weite Teile der Hochwüsten in den Weststaaten der USA und ist insbesondere in Nevada beheimatet. Man unterscheidet fünf bis sechs verschiedene Arten (männl./weibl.). Er wächst zwischen 1,30–1,60 m hoch, hat kleine graue, längliche Blätter und verbreitet einen intensiven Duft, besonders nach Regen.

Rhododendron Himalaya *Rhododendron anthopogon*
Heidekrautgewächse / Ericaceae
Syn.: Balu, Bhale sunpate
Pflanzenteil: Stiele und Blätter
Elementarkraft: Feuer – Schwerpunkt: Körper
Der kleinwüchsige Busch mit cremefarbenen Blüten wächst im zentralen Himalayagebirge und kommt bis in 4500 m Höhe vor. In tieferen Lagen (2000 m) erreicht er durchaus auch Baumhöhe und bildet ein stark aromatisch duftendes Harz aus, das in den verholzten Stielen und kleinen lederartigen Blättern enthalten ist.

Rosmarin *Rosmarinum officinalis*
Lippenblütler / Lamiaceae
Syn.: Meertau, Antoskraut, Brautkraut, Kid
Pflanzenteil: Blätter
Elementarkraft: Feuer – Schwerpunkt: Geist
Ursprünglich kommt dieser 1–2 m hoch wachsende immergrüne Strauch aus dem Mittelmeerraum, wird heute aber auch in ganz Europa, USA, Russland, Nahem Osten sowie China angebaut. Mit seinem üppig wuchernden Blattwerk ledrig-nadelförmiger Blätter entwickelt er bisweilen bizarre Formen.

Sandarak *Tetraclinis articulata*
Zypressengewächse / Cupressaceae
Syn.: Gliederzypresse, Berberthuja
Pflanzenteil: Harz
Elementarkraft: Feuer – Schwerpunkt: Körper
Der Sandarakbaum ist in Nordafrika (speziell Marokko) und Südostspanien in heißen, trockenen Gebieten beheimatet, wird bis zu 15 m hoch und hat ein dunkelrotbräunliches Holz. Er gehört zur Familie der Thujen bzw. zur Großfamilie der weißen Zedern. Die goldgelben stalaktitartigen Harztropfen mit der bemehlten Oberfläche und glasartig glänzenden Bruchstellen werden von Stamm und Ästen abgekratzt, nachdem diese angeritzt wurden.

Sandelholz weiß *Santalum album*
Leinblattgewächse / Santalaceae
Syn.: Ostindisches Sandelholz
Pflanzenteil: Holz
Elementarkraft: Erde – Schwerpunkt: Gefühl
  Ein immergrüner, bis zu 12 m hoher Baum, der in Südostasien und insbesondere in der indischen Provinz Mysore vorkommt. Er ist ein Halbschmarotzer, der gerne auf den Wurzeln von Bambus und Palmenarten lebt und sich dort auch mit Nährstoffen (Stickstoff, Phosphor) versorgt. Erst nach 20 Lebensjahren entwickelt sein sehr hartes Holz den begehrten Duft, der erst beim Trocknen zur Geltung kommt.

Schwarzer Copal *Bursera microphylla*
Balsambaumgewächse / Burseraceae
Syn.: Nacht-Copal, Copal negro
Pflanzenteil: Harz
Elementarkraft: Erde – Schwerpunkt: Gefühl
  Dies ist eine der drei ursprünglichen mesoamerikanischen Copalsorten und das Harz eines urtümlichen Balsambaumes, der in den wüstenartigen Regionen von Mexiko, Arizona und Neu-Mexiko beheimatet ist. Man nennt ihn den Elefantenbaum, wegen seines Erscheinungsbilds mit den charakteristischen dick geschwollenen Stammformationen im unteren Bereich. Dort lagert er sein wertvolles Wasserreservoir. Auch seine graue Rinde, die sich stark schält, erinnert an die faltige Haut eines alten Elefanten. Die jüngeren Zweige haben eine rötliche Farbe, er bildet kleine, gegenständlich gefiederte Blattachsen und rötliche, kugelartige Früchte aus. In Dürre- oder Kälteperioden entledigt er sich seiner Blätter und kann als besondere Fähigkeit die Photosynthese auch nur durch die weiße, papierartige Rinde auf Zweigen und Ästen durchführen. Er ist wirklich eine bizarre, eindrucksvolle Pflanzengestalt und gehört zu den Mitgliedern der Balsambaumfamilie, die am wenigsten kälteempfindlich sind.
Wie der Weihrauchbaum schwitzt der Copalbaum sein Harz als Schutz gegen die Sonneneinstrahlung aus. Auch durch Verletzungen der Rinde tritt es als weißliches Resinoid aus, das dann an der Luft erstarrt, sich langsam dunkel verfärbt und erst dann von Farmern und Hirten in arbeitsfreien Perioden gesammelt wird.

Sternanis *Illicum verum*
Magnoliengewächse / Illiceaceae
Syn.: Shikimibaum, Badian

Pflanzenteil: Harz
Elementarkraft: Wasser – Schwerpunkt: Gefühl
   Ein immergrüner Baum bis 14 m Höhe mit schlankem weißem Stamm, der in ganz Asien kultiviert wird. Seine gelben Blüten ähneln Narzissen. Die Früchte bestehen aus 5–8 Samenkammern, die sternförmig um eine Mittelachse angeordnet sind. Sie können zweimal pro Jahr geerntet werden.

Teebaum *Melaleuca alternifolia*
Myrtengewächse / Myrtaceae
Syn.: Teatree, Ti-Baum
Pflanzenteil: Blätter und Zweigspitzen
Elementarkraft: Erde – Schwerpunkt: Geist
   Der Teebaum ist ein bis zu 7 m hoch wachsender, immergrüner Baum, der bekannteste aus der großen Familie der Melaleuca-Arten, die in Südostasien und Australien heimisch sind. Er wächst in sumpfigen Gebieten, hat eine weiße, papierähnlicher Rinde, nadelige Blätter und die Blüten bilden einen weißlichen Flaum, der entfernt an Schnee erinnert, daher wird er in Australien auch »snow-in-summer« genannt. Es gibt aber auch Varietäten mit purpurfarbenen Blüten.

Tonkabohne *Dipteryx odorata / Coumarouna odorata*
Schmetterlingsgewächse / Fabaceae
Syn.: Rumara, Kumarú, wohlriechender Asant (Asa ororata)
Pflanzenteil: Saat
Elementarkraft: Wasser – Schwerpunkt: Gefühl
   Ein bis zu 40 m hoher Waldbaum aus der Familie der Schmetterlingsgewächse mit einem oft stark verwachsenen, etwa 60 cm dickem Stamm und weicher grünlicher Rinde, der im nördlichen Südamerika (Guayana, Orinoko-Quellgebiet), Brasilien, British Guinea, Bolivien, Peru und Costa Rica heimisch ist. Sein Holz ist dunkelbraun, extrem schwer und strömt im frischen Zustand einen eher unangenehmen Geruch aus, der beim Trocknen verschwindet. Es wird für dauerhafte massive Konstruktionen, z. B. im Schiffbau eingesetzt. Der Baum hat große Blätter und trägt viele violette Blüten. Heute wird er vor allem in Venezuela und Nigeria kultiviert.
Die aromatische Saat dieses Tropenbaumes enthält Cumarin, glycosidisch gebunden. Um es freizusetzen, werden die Tonkabohnen für 24 Stunden in Rum eingelegt und danach getrocknet, wobei ein Fermentationsvorgang stattfindet. Danach kann der Cumaringehalt bis zu 10 %

betragen. Die Parfümerie nimmt das Tonkaöl als Fixativ. Es wird auch im Lebensmittelbereich verwendet, um weniger angenehme Geruchs- oder Geschmackseindrücke, wie z. B. Rizinusöl zu kaschieren. Tonka wird auch als Insektizid eingesetzt. Weitere cumarinreiche Pflanzen sind Waldmeister, Mariengras (Sweetgrass) und Ruchgras.

Vanille *Vanilla planifolia*
Orchideengewächse / Orchidaceae
Pflanzenteil: Fruchtschote
Elementarkraft: Wasser – Schwerpunkt: Gefühl

Als Orchideengewächs aus dem Clan der Lianenarten stammt Vanille ursprünglich aus Mexiko. Die Pflanze ist mehrere Meter lang kletternd auf ein Wirtsgewächs angewiesen, das sie mit ihren wunderbaren Blüten schmückt, letztlich aber auch erwürgen kann. Im frischen Zustand ist die Vanillefrucht geruchlos. Sie muss erst einen sorgfältigen Fermentierungsprozess durchlaufen, um die dunkle Farbe der Schote und den wunderbaren Duft zu entwickeln. Das ätherische Öl wird durch Extraktion mit Trinkbranntwein gewonnen.

Diese Pflanze und ihre getrocknet schwarzbraunen Fruchtschoten haben seit Anfang des 16. Jahrhunderts, als Cortés die Vanille für die Alte Welt entdeckte, einen beispiellosen Siegeszug durch die Welt angetreten. Es wurde das Gewürz der kulinarischen Verführung schlechthin. Da sie zunächst in anderen Teilen der Welt nicht zu kultivieren war, weil sie nur von Kolibris und bestimmten Insekten befruchtet werden konnte, gehörte sie stets zu den kostspieligsten Genüssen. Erst in der Mitte des 19. Jahrhunderts entwickelte man die Kultur auf Grund der Entdeckung einer Bestäubungsmethode durch Edmond Albius, eines Sklaven auf der Insel Réunion. Die Insel wurde dann der erste Vanilleerzeuger weltweit. Anschließend exportierten die Kolonialisten von Réunion das Know-How auf die benachbarte Insel, Madagaskar, das seitdem wegen geringerer Produktionskosten die Vorrangstellung der Vanilleproduktion übernommen hat. Erst die synthetische Erzeugung der Hauptkomponente der Vanille, des Vanillin, machte im 20. Jahrhundert ein Abbild ihrer Persönlichkeit für die breite Masse der Menschen erschwinglich. Das war die Revolution schlechthin auf dem Markt der Genüsse. Mindestens ebenso galt dies für die Parfümerie.

Vetiver *Vetiveria zizanoides / Andropogon muricatus*
Graspflanzen / Poaceae
Syn.: Khusgras
Pflanzenteil: Wurzel

Elementarkraft: Erde – Schwerpunkt: Körper
Dieses büschelige, hohe, mehrjährige Gras mit geradem Halm und langen, schmalen Blättern stammt aus Südindien, Indonesien und Sri Lanka, wird heutzutage aber auch in vielen anderen Teilen der Welt kultiviert. Es entwickelt ein umfangreiches helles Wurzelsystem, das sich vertikal ausdehnt und bevorzugt dazu kultiviert wird, um den Boden vor der Erosion zu bewahren. Es ist in der Lage, große Trockenheit zu ertragen und äußerst unwirtliche Phasen zu überdauern, indem es Feuchtigkeit in seinem tiefen, schier undurchdringlichen Wurzelwerk speichert.

Wacholderbeeren *Juniperus communis*
Zypressengewächse / Cupressaceae
Syn.: Heidewacholder, Krammetbeere, Feuerbaum, altdeutsch: Rauchholter
Pflanzenteil: Beeren
Elementarkraft: Feuer – Schwerpunkt: Geist
Der immergrüne Wacholder ist in den nördlichen Bereichen der Erde zu Hause und von Nordasien über das Baltikum, Nordeuropa bis Kanada anzutreffen. Er bevorzugt sonnige, sandige Standorte, Heiden, lichte Wälder, Geröllhalden auch bis ins Gebirge hinauf. Diese Konifere aus der Familie der Zypressengewächse erscheint als bis zu 3 m hoher männlicher oder weiblicher Strauch oder seltener als bis zu 10 m hoher Baum. Er hat Zweige mit spitzen, stechenden Nadeln und entwickelt kleine Beeren, die im ersten Jahr grün sind und erst im zweiten und dritten Jahr blauschwarz werden.

Weihrauch *Boswellia carteri / Boswellia sacra*
Balsamstrauchgewächse / Burseraceae
Syn.: Olibanum
Pflanzenteil: Harz
Elementarkraft: Feuer – Schwerpunkt: Körper
Aus Nordostafrika und den Ländern um das Rote Meer herum stammt das Harz des Weihrauchbaumes, dessen Geschichte eng mit der ästhetischen und spirituellen Kulturentwicklung der Menschheit verbunden ist. Es ist ein zierlicher Baum, der durch gedrückten, spiralförmigen Wuchs auffällt. Seine Krone gleicht einem auf der Spitze stehenden Dreieck und öffnet sich fächerförmig zum Sonnenlicht. Diese Signatur weist auf den großen Vermittler der Lichtkräfte hin. Er wächst im Wüstenrandgebiet auf kargem, sonnenausgedörrten Land bei minimalster Feuchtigkeit.

Weißer Salbei *Salvia apiana*
Lippenblütler / Lamiaceae
Syn.: White sage, California White Sage
Pflanzenteil: Kraut
Elementarkraft: Wasser – Schwerpunkt: Körper
Der weiße Salbei wächst im südlichen Kalifornien an sonnig-heißen Plätzen entlang der Küste, insbesondere zwischen Santa Barbara und der Baja-Halbinsel. Er wird zwischen 60 und 90 cm hoch. Die Blätter sind mattgrün-silbrig-samtig und ein Rispenstiel mit hellblauen Blüten wird ausgetrieben. Die reichhaltige Saat dient Mensch und Tier als Nahrung.

Yerba Santa *Eriodictyon californicum*
Wasserblattgewächse / Hydrophyllaceae
Syn.: Mountain Balm, Bärenkraut, Gummibusch
Pflanzenteil: Kraut
Elementarkraft: Luft – Schwerpunkt: Körper
Als immergrünes, buschig wachsendes und sehr widerstandsfähiges Gewächs von 60 bis 200 cm Höhe gedeiht sie in extrem trockenen Gebieten hauptsächlich in Kalifornien, aber auch in den Bergregionen vom südlichen Utah bis Arizona und New Mexico, vorzugsweise in der Gesellschaft von Redwood und Joshua Tree. Die ledrigen, lanzettförmigen Blätter haben eine gelbliche Farbe und sind auf der Oberseite von einem lackartigen Balsam überzogen, der äußerst aromatisch duftet, während die Unterseite von weißlichem Flaum bedeckt ist. Man nennt sie auch Bergbalsam oder Gummibusch. Sie hat glänzend-behaarte, lanzettförmige Blätter und weißlich-blaue oder lilafarbenen Blüten, die in Ständen von 6–10 Stück austreiben.

Ylang-Ylang *Cananga odorata*
Flaschenbaumgewächse / Annonaceae
Pflanzenteil: Blüten
Elementarkraft: Wasser – Schwerpunkt: Gefühl
Der Ylang-Ylang-Baum gehört zu der Familie der Anemonengewächse, wird bis zu 20 m hoch und hat etwas herabhängende Äste mit langen Blättern. Es ist ein tropischer Baum, dessen gelbe, rosa oder fliederfarbene Blüten in der Dunkelheit geerntet werden, um das blumig-schwere und exotisch-sinnliche ätherische Öl, das etwas an Jasmin erinnert, daraus zu gewinnen. Ursprünglich auf den Philippinen beheimatet, wird er heute auch auf Sumatra, Java, den Komoren, Sansibar, Haiti, Madagaskar und Réunion angebaut.

Das ätherische Öl wurde 1860 zum ersten Mal und bis zum 19. Jahrhundert ausschließlich auf den Philippinen destilliert. Während des Destilliervorgangs werden unterschiedliche Qualitäten von der ersten bis zur zwanzigsten Stunde absteigend gewonnen. Es gibt also einen optimalen Zeitpunkt der Ernte und Gewinnung des Öls, was die Qualität des Duftes betrifft. Eingeborene in Südostasien bereiten in Kokosnussöl Auszüge aus den Blüten, mit dem sie Haut und Haare schützen.

Zedernholz *Juniperus virginiana*
Zypressengewächse / Cypressaceae
Syn.: Rote Zeder
Pflanzenteil: Kernholz
Elementarkraft: Erde – Schwerpunkt: Gefühl

Aus Nordamerika stammt diese Zedernart, die tatsächlich den Wacholdern zuzuordnen ist und dem europäischen Sadebaum ähnelt. Diese immergrüne Konifere ist östlich der Rocky Mountains heimisch und erreicht die stattliche Höhe von bis zu 35 m und einen Stammdurchmesser von bis zu 1,5 m. Sie hat ein rötliches Kernholz, das einen kräftigen aromatischen Duft abgibt.

Zypresse *Cupressus sempervirens*
Zypressengewächse / Cupressaceae
Pflanzenteil: Zweige
Elementarkraft: Erde – Schwerpunkt: Körper

Die Zypressen sind eine Gattung von Nadelbäumen, die seit der Antike kultiviert werden. Als Bäume mediterraner Herkunft vertragen sie Kälte nur eingeschränkt. Die Wuchsformen variieren von hängend bis säulenförmig, von hochkronig bis ausladend. Ihr schnelles Wachstum und das dichte Laub machen sie zu einem geeigneten Windschutz. In einigen Landschaften sind die Zypressen landschaftsprägend, etwa die Trauerzypresse in der Toskana. Zypressen sind extrem langlebig (bis 2000 Jahre), wachsen in ihrer Jugend rasch, im Alter sehr langsam und existieren als Spezies seit Millionen von Jahren.

Die Autoren

Thomas Kinkele (Jahrgang 1949)

ist seit den 1970er Jahren kreativ und praktisch mit Pflanzensignaturen und durch sie wahrgenommenen Gestaltungsmöglichkeiten befasst. Der Duft wurde dabei als Wesensbotschaft der Pflanzen immer wichtiger für ihn. Im Projekt „Pflanzenhelfer" kommt auch der schamanische Hintergrund zum Tragen, der seinen eigenen spirituellen Weg seit den 1980er Jahren zunehmend bestimmte. Eine aromatologische Ausbildung und die langjährige Beschäftigung mit dem Enneagramm inspirierten ihn in den 1990er Jahren, das ENNEAROM-System für Aromaberatung zu entwickeln, und ließ die Vison einer Verbindung von Seelenarbeit mit Pflanzendüften entstehen. Seither hat diese Arbeit vielen Menschen wertvolle Impulse vermittelt, um ihr eigenes Potential besser entfalten zu können. Eine ständig wachsende Zahl von Menschen macht mit diesem System wunderbare Erfahrungen, und im Jahr 2006 wurde erstmalig eine Ausbildung zum Ennearom-Praktiker angeboten. Zweimal im Jahr veranstaltet Thomas Kinkele außerdem gehaltvolle und überraschende Wochenend-Seminare, die die Teilnehmer im „Zaubergarten" ganz nahe an die Natur heranführen. Ziel der Arbeit ist es, die Menschen auf sanfte Art in ihre Mitte zu bringen.

Weitere Informationen zu Veranstaltungen und auch eine Bezugsquelle für hochwertige Duftstoffe finden Sie unter
www.floraperpetua.de

Petra Arndt

Petra Arndt arbeitet seit Abschluss ihres Studiums als freiberufliche Malerin, Designerin, Illustratorin, Dozentin und Kunsttherapeutin. Sie lebt in der Nähe ihrer Heimatstadt Hamburg auf dem Land, wo sie vielfache Inspirationen findet, um die Seele von Bäumen und Pflanzen zu erkennen und in ihren Bildern sichtbar zu machen. Neben ihren Ausstellungen veranstaltet sie regelmäßig Kunstworkshops zu unterschiedlichen Themenbereichen.

Mehr von Thomas Kinkele

Räucherstoffe und Räucherrituale
Kraftvolle Rituale mit duftenden Pflanzenbotschaften – Das Handbuch für die Räucherpraxis

Mit diesem Handbuch haben wir einen kompakten und zugleich umfassenden Führer durch die Welt der Räucherrituale sowie Beschreibungen von 99 Räucherstoffen, die das Kernstück des Buches ausmachen.

184 Seiten · ISBN 978-3-89385-372-4

Aromatherapie der Seele
Neun Tore zur inneren Entwicklung. Mit Räucherstoffen und Aromaölen.

Die Aromatherapie der Seele ist die höhere „Oktave" der traditionellen Aromatherapie. Es geht um die Einbeziehung einer schamanischen und psychologischen Dimension.

160 Seiten · ISBN 978-3-89385-455-4

Heimische Räucherpflanzen
Räucherduft und Ritual im Jahreslauf

Die magische Kraft des Räucherns und schamanische Heilung mittels Pflanzenbotschaften gehören zusammen. Von Alantwurzel bis Wildrose werden 54 heimische Räucherpflanzen mit ihren Rauchzeichen und Duftbotschaften, Signaturen und Ritualen beschrieben und in Fotokollagen gezeigt.

192 Seiten · ISBN 978-3-89385-615-2

Magische Pflanzenbilder – Kartenset
Mit Naturwesen zu integralem Bewusstsein

Thomas Kinkele ist es gelungen, 56 magische Botschaften der Pflanzenhelfer mit der Kamera einzufangen und in Worte zu fassen.

109 Seiten + 56 farbige Karten · ISBN 978-3-86410-041-3